ALFABETIZAÇÃO EM PROCESSO

CB014609

COPIA NÃO AUTORIZADA É CRIME

ABDR
ASSOCIAÇÃO BRASILEIRA DE DIREITOS REPROGRÁFICOS
RESPEITE O DIREITO AUTORAL

EDITORA AFILIADA

Dados Internacionais de Catalogação na Publicação (CIP)
(Câmara Brasileira do Livro, SP, Brasil)

Ferreiro, Emilia
  Alfabetização em processo / Emilia Ferreiro. – 21. ed. – São
Paulo : Cortez, 2015.

  ISBN 978-85-249-2325-8

  1. Alfabetização 2. Educação I. Título.

15-00553   CDD-372.4

Índices para catálogo sistemático:
1. Alfabetização : Ensino : Educação   372.4

EMILIA FERREIRO

ALFABETIZAÇÃO EM PROCESSO

21ª EDIÇÃO
6ª reimpressão

CORTEZ EDITORA

ALFABETIZAÇÃO EM PROCESSO
Emilia Ferreiro

Tradução: Maria Antonia Cruz Costa Magalhães,
Marisa do Nascimento Paro e Sara Cunha Lima
Capa: de Sign Arte Visual
Revisão: Ana Paula Luccisano
Composição: Linea Editora Ltda.
Supervisão técnica: Maria Amélia Azevedo
Coordenação editorial: Danilo A. Q. Morales

Direitos para esta edição
CORTEZ EDITORA
Rua Monte Alegre, 1074 – Perdizes
05014-001 – São Paulo – SP
Tel.: (11) 3864-0111   Fax: (11) 3864-4290
E-mail: cortez@cortezeditora.com.br
www.cortezeditora.com.br

Impresso no Brasil – abril de 2023

5

Sumário

Apresentação

Reuni, neste livro, cinco textos, três dos quais estão sendo publicados pela primeira vez. A leitura desses capítulos requer familiaridade com um contexto prévio, que o leitor de língua portuguesa poderá encontrar em duas publicações recentes.

Os quatro primeiros capítulos examinam uma série de problemas específicos da psicogênese da língua escrita que permitem aprofundar e ampliar nossas investigações anteriores.

O primeiro capítulo analisa um dos problemas lógicos envolvidos no problema da compreensão das marcas escritas: a relação entre a totalidade e as partes constituintes. O segundo capítulo analisa a maneira pela qual os processos de assimilação operam seletivamente sobre a informação disponível, através da análise pormenorizada da evolução de duas crianças. O terceiro capítulo estuda o significado psicogenético dos esforços infantis para interpretar textos escritos em momentos evolutivos anteriores à compreensão das relações existentes entre as letras e os sons da linguagem. O quarto capítulo analisa a relação que os sujeitos não alfabetizados estabelecem entre representação escrita e enunciado oral em três casos específicos: o contraste entre singularidade e pluralidade; o contraste entre afirmação de presença e de ausência; o contraste entre o verdadeiro e o falso (neste quarto capítulo faz-se uma comparação entre crianças mexicanas e francesas, bem como entre crianças e adultos não alfabetizados).

O quinto capítulo deste livro não se refere aos processos de aquisição da representação escrita da linguagem, e sim à representação do cálculo elementar; no entanto, sua inclusão neste volume justifica-se, ao menos, por duas razões:

a) Embora a alfabetização, em sentido estrito, se refira à aquisição de representação escrita de uma linguagem, tanto a alfabetização de crianças como a de adultos supõe *também* a aquisição simultânea do sistema de representação por escrito de quantidades e de operações elementares com tais quantidades (soma e subtração).

b) Todas as nossas investigações sobre a psicogênese da linguagem escrita são orientadas pelo interesse em compreender melhor e ajudar a superar esse mal endêmico da maioria dos países latino-americanos, que é o fracasso escolar no início da escola de 1º grau. Este último capítulo também está centrado neste problema, embora trate do cálculo e não da leitura e escrita.

Devo agradecer aos meus amigos brasileiros a oportunidade de reunir pela primeira vez, em um mesmo volume, estes cinco textos que constituem para mim momentos importantes do desenvolvimento de nossa reflexão sobre estes problemas.

México, fevereiro de 1986

Os problemas cognitivos envolvidos na construção da representação escrita da linguagem*

Em todas as minhas apresentações e publicações anteriores tenho afirmado que a teoria de Piaget foi minha principal fonte de inspiração para a pesquisa sobre leitura e escrita. Alguns interpretaram isto como simples invocação, sem ver onde estava a influência piagetiana específica — além da que se torna evidente pelo tipo de entrevista clínica que utilizamos —, precisamente porque não fiz menção da possível relação entre os bem conhecidos períodos operatórios e a aquisição da leitura e escrita. Reduzir a teoria de Piaget a uma descrição de níveis sucessivos de organização é esquecer que a pergunta fundamental que guiou suas investigações epistemológicas e psicológicas foi: como se passa de um estado de menor conhecimento a um estado de maior conhecimento?

Para responder a esta pergunta, em primeiro lugar é preciso procurar identificar os modos de organização relativamente estáveis

---

* Los problemas cognitivos involucrados en la construcción de la representación escrita del lenguaje. Trabalho apresentado, a convite, nas Jornadas sobre *Nuevas Perspectivas de la Representación* Escrita en el Niño. Barcelona, maio de 1982. [Publicado nas *Actas de las Jornadas*. Instituto Municipal d'Educación de l'Ajuntament de Barcelona, 1984.] Trad. por Maria Antonia Cruz Costa Magalhães.

que podem caracterizar os níveis sucessivos de conhecimento em um dado domínio; todavia, o problema central é compreender os processos de passagem de um modo de organização conceitual a outro, explicar a construção do conhecimento. O modelo teórico geral encontra-se em Piaget (1975).

Quando procuramos compreender o desenvolvimento da leitura e escrita, do ponto de vista dos processos de apropriação de um objeto socialmente constituído (e não do ponto de vista da aquisição de uma técnica de transcrição), buscamos ver se havia modos de organização relativamente estáveis que se sucediam em certa ordem. Agora sabemos que há uma série de modos de representação que precedem a representação alfabética da linguagem; sabemos que esses modos de representação pré-alfabéticos se sucedem em certa ordem: primeiro, vários modos de representação alheios a qualquer busca de correspondência entre a pauta sonora de uma emissão e a escrita; depois, modos de representação silábicos (com ou sem valor sonoro convencional) e modos de representação silábico-alfabéticos que precedem regularmente a aparição da escrita regida pelos princípios alfabéticos.[1]

Sabemos que cada um destes níveis caracteriza-se por formas de concepção que atuam da mesma maneira que qualquer esquema assimilador: absorvendo a informação dada, deixando de lado parte da informação disponível mas não assimilável e introduzindo sempre um elemento interpretativo próprio. O resultado são construções originais, tão estranhas ao nosso modo "alfabetizado" de ver a escrita, que parecem caóticas à primeira vista. Nossa tarefa foi (e ainda é) a de compreender a "lógica interna" desses modos de organização, bem como a de compreender as razões da substituição de um modo de organização por outro, isto é, os processos de construção do conhecimento neste campo específico.

Foi precisamente procurando investigar que classe de objeto de conhecimento pode ser a escrita para o sujeito em desenvolvimento, que nos deparamos novamente com os grandes problemas cognitivos descritos em outros domínios, sem que isso retire a especificidade da

---

1. Cf., entre outras publicações: E. Ferreiro. 1979a, 1979b e 1982.

construção do sistema de escrita enquanto objeto conceitual. Há alguns problemas cognitivos que parecem evidentes: por exemplo, que a criança enfrenta necessariamente problemas de classificação quando procura compreender a representação escrita. Pensemos em todas as dificuldades inerentes à classificação do material gráfico como tal. Todos os nossos símbolos não icônicos estão constituídos por combinações de dois tipos de linhas: pauzinhos e bolinhas. Mas alguns são chamados de letras e, outros, de números. A mesma combinação (por exemplo, uma linha vertical com uma linha circular contígua) é chamada letra, como em "b" ou "d", ou número, como em "9". Não há nenhuma base conceitual clara para estabelecer tal distinção. Um pouco mais tarde no processo de desenvolvimento, quando esta distinção já foi estabelecida, surgem novos problemas de classificação: muitas formas graficamente diferentes recebem a mesma denominação e são consideradas equivalentes, embora não possam aparecer em contextos intercambiáveis (já que, por exemplo, as letras de imprensa não devem ser misturadas com as cursivas em uma mesma escrita). Há também problemas de classificação envolvidos na distinção dos objetos que são portadores de diferentes tipos de textos significativos etc.

Neste trabalho, concentrar-me-ei na explicação pormenorizada de um só dos muitos problemas cognitivos que pudemos identificar no que respeita ao desenvolvimento da leitura e escrita: *a relação entre o todo e as partes que o constituem*. Sem dúvida não poderei ocupar-me das características deste problema ao longo de todo o desenvolvimento. Tratarei apenas das características relevantes que aparecem num período de desenvolvimento, relativamente curto, porém suficientemente ilustrativo.

Desde o momento em que uma escrita é considerada como composta de partes (e, particularmente, desde o momento em que se estabelece o que chamamos a "hipótese da quantidade mínima"), a coordenação destas partes com a totalidade constituída começa a tornar-se problemática. De início, os elementos gráficos não são mais que peças necessárias para constituir uma totalidade "legível". As propriedades atribuídas ao todo não diferem das propriedades atribuídas às partes; um nome atribuído à escrita toda também pode ser lido em cada um dos elementos gráficos constitutivos, apesar do fato de que qualquer desses elementos, tomado fora da totalidade, perde a propriedade de ser significante (porque "com uma só letra não se pode ler"). Repetidas vezes temos encontrado crianças que leem seu nome completo em um texto onde efetivamente isso está escrito (ou em um texto que elas consideram como a representação de seu nome), mas que também pensam que seu nome completo está escrito em qualquer parte do texto.

Um pouco mais tarde, quando as crianças começam a controlar sistematicamente as variações na quantidade de grafias que compõe cada escrita que produzem, algumas situações privilegiadas lhes permitem conseguir uma coordenação momentânea. Por exemplo, para escrever "gatos", correspondendo a um desenho de três gatinhos, as crianças podem contar os gatos e colocar tantas letras quantos gatos houver (o mesmo ocorre com cartelas em que se escreve o nome de conjuntos de objetos reais: seis letras para um conjunto de seis maçãs, quatro letras para um conjunto de quatro tomates, e assim por diante). Em todos esses casos, cada letra representa um objeto, e o todo — a totalidade "legível" — representa o nome plural. A relação entre as partes e o todo, nesta situação, é compreendida como uma representação analógica com os objetos referidos: o todo (quer dizer, a escrita completa) é uma representação do conjunto de objetos, e cada uma de suas partes (ou seja, cada letra ou grafema equivalente) representa um dos elementos do conjunto. As propriedades das partes e as da totalidade não são as mesmas, mas estão relacionadas. Esta é uma solução satisfatória, mas não estável, porque acaba tornando-se contraditória em relação a outra hipótese muito importante e poderosa: a "hipótese da quantidade mínima". Quando se escreve o nome de um único objeto, uma só letra não basta e, nesses casos, a relação que cada letra mantém com o nome escrito permanece obscura.

É importante assinalar que no mesmo nível de desenvolvimento a que nos referimos, pode-se obter duas representações diferentes para um nome plural: quando as crianças começam escrevendo o nome de um conjunto de objetos (ou seja, um plural), podem ajustar o número de letras ao número de objetos (com uma única restrição:

a quantidade de objetos deve ser igual ou superior à quantidade mínima exigida). Mas, quando as crianças começam escrevendo um nome no singular, e em seguida escrevem o plural correspondente (por exemplo: "gato" e "gatos"), o resultado parece muito diferente para um observador desavisado. No entanto, uma análise cuidadosa mostra que o mesmo princípio está sendo aplicado. De fato, o que as crianças fazem é isto: se utilizaram três letras para escrever "gato", o plural se obtém repetindo duas ou três vezes a mesma série inicial (conforme o número de gatos em questão). Quando começam escrevendo diretamente um nome no plural, uma letra basta para representar um objeto. No entanto, quando *começam* escrevendo um nome no singular e, *em seguida*, escrevem seu plural, necessitam de mais de uma letra para um único objeto. É o princípio da "quantidade mínima" que está sendo aplicado em ambos os casos, mas as condições de aplicação do princípio variaram (Ilustração 1).

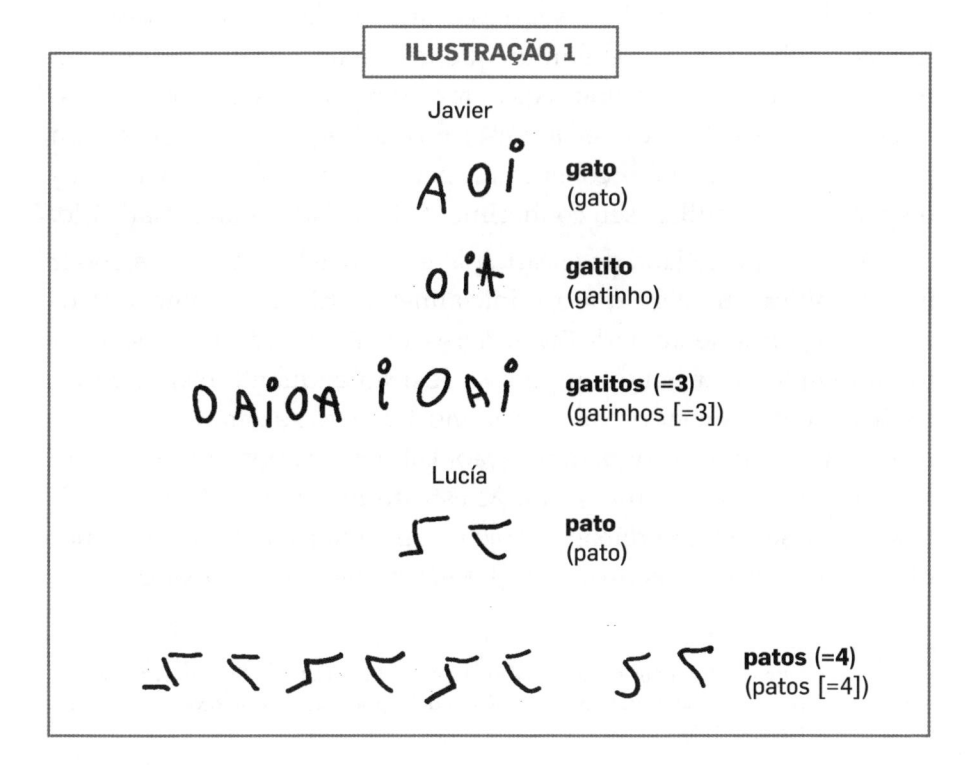

ILUSTRAÇÃO 1

Javier

A O I   **gato**
        (gato)

O IT   **gatito**
       (gatinho)

O AIOA I OAI   **gatitos (=3)**
        (gatinhos [=3])

Lucía

ʃ ᴄ   **pato**
     (pato)

ʃ ᴄ ʃ ᴄ ʃ ᴄ   ʃ ᴄ   **patos (=4)**
        (patos [=4])

Pelo que dissemos torna-se claro por que estas tentativas iniciais de coordenação entre o todo e as partes são instáveis, e por que requerem um esforço cognitivo considerável.

Outro tipo de tentativa para estabelecer uma coordenação entre as partes e o todo está exemplificado no seguinte caso: Victor (5 anos e 2 meses) necessita de pelo menos três letras para obter algo "legível"; junto com ele procuramos obter uma boa representação para a palavra "barco"; uma só letra não é suficiente porque "diz somente 'ba'"; com duas letras é a mesma coisa: "diz somente 'ba'". Mas com três letras já diz "bar-co". O que ocorre neste caso é muito interessante: a um todo considerado como incompleto se faz corresponder um nome também incompleto. Não é que cada letra represente uma parte silábica da palavra, porque tanto com uma como com duas letras diz-se somente "ba"; é apenas uma maneira de justificar que se trata de um "barco incompleto" (um "bar-co" sem "co" não é um barco completo). Mas, em vez de dizer-nos que alguma parte essencial do barco não está ainda ali (como poderia ser o caso através de uma representação icônica — dizendo, por exemplo, que faltam as velas), a criança faz referência a uma forma linguística, fazendo uso — sem tomar consciência disto — do fato de que esta forma linguística — ou seja, a palavra — está também constituída pela combinação de elementos ou partes. Victor utiliza seu conhecimento linguístico sem tematizá-lo.

A noção piagetiana de *tematização* é essencial para compreender isto. Significa que algo que foi inicialmente utilizado como instrumento de pensamento pode converter-se em um objeto de pensamento, mudando ao mesmo tempo sua posição enquanto elemento do conhecimento. A história da ciência mostra claros exemplos de casos relativamente tardios de tematização. Isto ocorre, por exemplo, com a noção de estrutura em álgebra. As estruturas foram utilizadas muito antes de se converterem em "objetos matemáticos" como tais, quer dizer, em objetos cujas propriedades eram objeto de reflexão.[2]

---

2. A primeira estrutura algébrica tematizada foi o grupo. Gauss e Ruffini, entre outros, utilizaram a noção de grupo sem tomar consciência dela. A tematização só ocorre com Galois (J. Piaget e R. Garcia, 1983).

A tematização implica, pois, um certo grau de tomada de consciência. O papel da tematização no desenvolvimento do conhecimento do sistema de escrita já é um tema *de per si*. Limitar-me-ei aqui a fazer umas poucas observações. Ao nível puramente linguístico pudemos evidenciar quatro níveis distintos de variação no *status* psicológico da sílaba (Bellefroid e Ferreiro, 1979c). A tarefa que propusemos às crianças foi a de *descobrir* um nome dentro de um campo semântico dado (dando-se uma ou mais sílabas deste nome), bem como o problema inverso, quer dizer, *propor* uma tarefa semelhante. No primeiro nível, a sílaba é utilizada em certas circunstâncias sem que o sujeito consiga tirar partido deste "saber como". Mais tarde, a sílaba começa a atuar como um indicador — útil para descobrir o nome completo —, mas impossível de ser coordenado com outros da mesma natureza (dadas duas sílabas do nome, em vez de coordená-las na busca de um só nome, cada sílaba desencadeia uma exploração individual). O terceiro nível é o seguinte: a sílaba se converte em uma parte do nome, mas em uma parte não ordenada. O último nível consiste em compreender que uma sílaba de um nome não somente é uma parte do nome, mas uma parte ordenada; que qualquer nome é composto de partes dispostas numa dada ordem não intercambiável; só então informações sobre a ordem das partes com referência ao todo (tais como "começa com..." e "termina com...") são processadas, levando em consideração, ao mesmo tempo, a relação das partes com o todo e a ordem serial, bem como a possibilidade de produzir para outros o mesmo tipo de informação. Todo esse processo evolutivo é alheio à tematização da sílaba como tal, ao "conhecimento sobre" este objeto específico. Mas todo este desenvolvimento ocorre aproximadamente no mesmo período da constituição do sistema de escrita enquanto objeto de conhecimento. Se faço referência a ele, não é para defender a ideia de que uma tomada de consciência relativa a certas unidades linguísticas constitui um pré-requisito para a aquisição da leitura e escrita, mas para mostrar que a transição do "saber como" ao "saber sobre" não é direta: pode implicar uma série não especificada de passos ou níveis (quantos e quais é assunto de investigação empírica, guiada, mas não determinada *a priori* por argumentos puramente especulativos). O chegar a ser consciente de certo processo implica sempre uma reconstrução deste conhecimento em outro nível, e cada reconstrução toma tempo, porque implica um grande esforço cognitivo para superar as perturbações que devem ser compensadas.

Voltemos ao problema da coordenação entre o todo e as partes constitutivas. As crianças enfrentam este problema não somente quando produzem uma escrita, mas quando procuram interpretar a escrita produzida por outra pessoa. Em ambos os casos as crianças enfrentam este problema não somente ao nível das letras de uma palavra, como também ao nível de diferentes séries de letras que compõem um texto maior, uma oração, por exemplo. Resultados já publicados (Ferreiro, 1978) mostram respostas, por vezes surpreendentes, que as crianças dão quando procuram compreender os significados das partes constitutivas de uma oração escrita. As mesmas dificuldades iniciais que observamos ao nível da palavra escrita aparecem ao nível da oração escrita: a falta de diferenciação entre as propriedades do todo e das partes constitutivas leva a criança a dizer que cada palavra escrita "diz" uma oração completa. A partir daí desencadeia-se um laborioso processo, um processo que vai simultaneamente em duas direções opostas mas interdependentes: diferenciação das propriedades atribuídas às partes, das propriedades do todo e integração das propriedades das partes dentro das propriedades do todo.

Em sua busca desse tipo de coordenação, as crianças começam a considerar os textos escritos de modo diferente. E talvez a consideração inicial da "completude" e "incompletude" (à qual já nos referimos) que leva à ideia de que cada parte de um nome escrito pode corresponder a uma parte de um nome falado. Não somente uma parte incompleta da palavra falada para uma parte incompleta da palavra escrita, mas sistematicamente uma parte da palavra dita para cada parte da palavra escrita. É então que ocorrem as condições para um novo tipo de coordenação; a relação entre as partes e o todo com referência ao texto escrito não se resolve até que ocorra um novo tipo de equilibração. Trata-se agora da consideração das relações entre duas totalidades diferentes: de um lado as partes da palavra falada — suas sílabas — e a própria palavra; de outro lado, as partes da palavra escrita — suas letras — e a série de letras como um todo. A busca da correspondência um a um tem, no domínio da leitura e escrita, exatamente as mesmas propriedades do tipo de correspondência que está na base da equivalência numérica.

Uma vez mais, precisamos ser cuidadosos em relação ao seguinte: não pretendo dizer que as crianças necessitam ser capazes de estabelecer equivalências numéricas para chegar à "hipótese silábica". As operações cognitivas são a resposta a problemas reais (como o expressaram Piaget e Inhelder [1955, p. 304]: "A lógica não é de modo algum estranha à vida: a lógica é somente a expressão das coordenações operatórias que são necessárias à ação"). As ocasiões particulares para desenvolver um procedimento operatório são variáveis: dependem de circunstâncias mutáveis que podem variar de uma criança para outra. Em nossos estudos longitudinais temos crianças que aplicam claramente a um novo domínio (o sistema de escrita) um procedimento operatório (a correspondência um a um) que já foi constituído em domínios numéricos. Mas temos outras que parecem descobrir esta solução operatória para resolver um problema de escrita.

Em qualquer caso é importante assinalar que a correspondência um a um segue, no caso de um texto escrito, exatamente os mesmos passos que a correspondência um a um no caso da numeração de uma série de objetos. No começo as crianças se permitem repetir sílabas, saltar letras ou tomar mais de uma sílaba por vez para chegar ao final (tanto como se permitem, quando estão contando objetos, repetir nomes de números, saltar objetos, ou deixar de lado alguns deles para chegar ao número final desejado).

Pouco a pouco, o procedimento se faz muito mais rigoroso na maneira de aplicá-lo: só uma sílaba para cada letra, sem repetir sílabas e sem omitir objetos. Quando a "hipótese silábica" se faz tão estrita, começa a cumprir outra função: enquanto esquema antecipatório, começa a controlar a execução. Porque no princípio do período silábico, a "hipótese silábica" serve para justificar uma escrita já realizada sem controlar a produção em si. Pouco a pouco, ganha controle sobre a execução da ação e, finalmente, enquanto esquema antecipatório, controla o projeto de ação (para saber quantas letras serão necessárias, a única coisa a fazer é contar as sílabas da palavra, antes de começar a escrever).

Não é estranho observar que as crianças atuam, aqui, exatamente da mesma maneira como atuam em domínios puramente numéricos. De fato, estão resolvendo o problema de *quantas* letras para uma dada palavra; não estão resolvendo outro problema relacionado, mas diferente: *quais* letras para uma dada palavra. Um dos problemas interessantes e complexos, específicos do desenvolvimento que estamos considerando, é que as crianças devem resolver tanto problemas de *correspondência quantitativa* como problemas de *correspondência qualitativa*.

No mesmo período no qual a exigência interna de "quantidade mínima" cumpre a função de manter uma escrita como um composto de partes, outra exigência interna ajuda a manter as distinções qualitativas: para ser "legível", uma escrita não pode apresentar a mesma grafia mais de duas vezes. Por outras palavras: uma letra só não dá para ser lida, assim como não se pode obter algo "legível" com uma série composta pela mesma letra, repetida três ou mais vezes. Este é o princípio de "variação interna", que vai emparelhado com o princípio de "quantidade mínima". Deste modo, as partes de uma totalidade são inicialmente diferenciadas por este requisito de "variação interna", que ajuda a diferenciar as partes entre si, mas que não resolve o problema da função destas partes em relação ao todo. Como partes diferentes, pode ser que tenham valores diferentes, mas não se sabe exatamente quais podem ser estes valores. O princípio de "variação interna" aplica-se a dois níveis diferentes: ao nível de uma dada escrita, evitando a repetição da mesma letra ou do mesmo grafema mais de duas vezes, e ao nível de um conjunto de escritas relacionadas. Neste último caso, a exigência é a de não se ter duas vezes a mesma série de letras, porque se precisa de alguma diferença objetiva para poder atribuir interpretações diferentes. Uma mudança qualitativa, muito importante neste desenvolvimento, ocorre quando as crianças começam a pensar que não se pode ler coisas diferentes com séries idênticas de elementos gráficos. Isto tem uma enorme importância, porque os meios para diferenciar séries de letras relacionadas são às vezes muito limitados e, sem dúvida, a busca de coerência interna é tão forte que, ao procurar resolver este problema, as crianças vão mais além do que poderíamos esperar delas.

Vejamos um exemplo. Algumas crianças em um dado momento de seu desenvolvimento escrevem qualquer nome com a mesma quantidade de letras (isto parece ser um dos procedimentos para combater uma perturbação: se não se pode encontrar nenhum princípio geral para controlar as variações de quantidade, pode-se procurar controlar esta perturbação, fixando de uma vez por todas o número de caracteres). Algumas destas crianças têm um repertório de letras muito limitado. Imagine-se uma criança que tem um repertório de apenas quatro letras, que necessita de quatro letras para uma escrita e que procura aplicar a exigência de "variação interna", não só ao nível de uma escrita, como também ao nível de um conjunto de escritas relacionadas. A primeira escrita é feita com facilidade: põem-se as quatro letras diferentes do repertório, e pronto. A seguinte já traz um problema: não se pode colocar as mesmas letras na mesma ordem. A única maneira de se obter uma diferenciação entre as escritas, neste caso tão restritivo, é descobrir que, ao mudar a posição relativa de cada uma das letras, totalidades diferentes estão sendo construídas. Este é um grande progresso cognitivo quando se tem somente quatro ou cinco anos de idade, porque é o germe da combinatória (que, como é bem conhecido, é uma das aquisições que caracteriza o período das operações formais, ou seja, algo que em média ocorrerá seis ou sete anos mais tarde) (Ilustração 2).

Quando a "hipótese silábica" está em seu apogeu, as crianças necessitam de letras diferentes para diferentes escritas, tanto quanto necessitam de letras diferentes para uma única escrita. No entanto, isto não significa que a mesma letra representará sempre a mesma sílaba. Um A, por exemplo, pode funcionar como a primeira sílaba

ILUSTRAÇÃO 2

Romina

de um nome, como a última sílaba de outro, e assim por diante, in-
dependentemente da pauta sonora dos nomes em questão. É seu
valor *posicional* que determina a interpretação dada. As crianças exigem
uma letra para cada sílaba, mas frequentemente é qualquer letra para
qualquer sílaba. As letras devem ser diferentes uma de outra, mas
não é esta diferença intrínseca que determina a interpretação dada. É
somente seu valor posicional que é levado em conta. Esta é a razão
pela qual falamos de uma pura correspondência um a um. Não se
trata de que uma letra (A, por exemplo) receba somente valores silábicos relacionados dentro de um conjunto limitado de valores sonoros.

Qualquer letra pode representar qualquer sílaba, tal como ocorre no caso de qualquer objeto, quando ele está sendo computado dentro de um conjunto: qualquer objeto pode ser o "terceiro" em um conjunto, e o "primeiro" em outro, dependendo somente de sua posição na série, e não de suas propriedades intrínsecas.[3]

Estas crianças encontraram uma maneira muito satisfatória de resolver o problema da relação entre as partes e o todo: para saber como escrever um nome, começa-se por contar as sílabas e logo se põem tantas letras diferentes quantas sílabas houver; cada letra representa uma sílaba, as letras ordenadas representam as sílabas ordenadas da palavra. Contudo, esta solução excelente será reiteradamente desmentida pela experiência.

O sistema de escrita que a criança encontra no mundo circundante não se acomoda a este esquema assimilatório. A criança compreende o que faz, mas não pode compreender o que os outros fazem. Também não pode compreender a informação que recebe. Toda informação fornecida pelo meio ambiente é altamente perturbadora *neste* momento; nem toda informação era perturbadora antes. Frente a uma perturbação, três tipos de reação são possíveis:[4] pode-se deixá-la de lado, pode-se compensá-la localmente, ou pode-se assimilá-la (quer dizer, compensá-la inteiramente através de modificações no esquema assimilatório, alcançando assim um novo nível de equilibração). Quando as crianças são capazes de proceder deste último modo, abandonam a "hipótese silábica" e começam a reconstruir o sistema de escrita sobre bases alfabéticas. Mas, antes de fazê-lo, procurarão por todos os meios conservar os esquemas assimilatórios que construíram com tanto trabalho.

O tipo de análise que indicamos — com referência à relação entre o todo e suas partes — também pode ser feito no caso de muitos outros problemas cognitivos, envolvidos no desenvolvimento do

---

3. Não estou considerando, aqui, o desenvolvimento extremamente interessante — tanto do ponto de vista psicológico como epistemológico — que ocorre quando as letras começam a ter uma certa estabilidade dentro da classe de valores sonoros que se podem atribuir a elas.

4. Tal como o indica J. Piaget (1975).

sistema de escrita (problemas tais como: identidade, conservação, construção de observáveis etc.).

Torna-se evidente que, para compreender o desenvolvimento da escrita, não se pode invocar, apenas, a espontaneidade e a criatividade do sujeito. Claro que a espontaneidade e a criatividade existem, mas não se desenvolvem numa direção *aleatória*. Nossa tarefa é precisamente procurar explicar esta direcionalidade. Do mesmo modo não se pode invocar simplesmente as influências ou os modelos sociais. Claro que as influências e os modelos sociais existem (seria inconcebível a existência da escrita sem os usuários dela). Contudo, também é evidente que as influências e modelos sociais não cumprem a mesma função em momentos diferentes do desenvolvimento: às vezes têm um papel positivo no processo de desequilibração (na medida em que funcionam como perturbações); em outras ocasiões, desempenham um papel também positivo, como observáveis facilmente assimiláveis; finalmente, por vezes desempenham um papel inibitório, negativo, no processo.

O que nos parece importante, como tarefa, é compreender os mecanismos precisos de tal tipo de interação, cujos resultados dificilmente podem ser caracterizados como a simples reprodução, em nível individual, de uma realidade social dada. No desenvolvimento da leitura e escrita, considerado como um processo cognitivo, há uma construção efetiva de princípios organizadores que, não apenas não podem ser derivados somente da experiência externa, como também são contrários a ela; são contrários, inclusive, ao ensino escolar sistemático e às informações não sistemáticas. Uma teoria completa do desenvolvimento infantil da escrita não pode deixar estes problemas sem solução. São exatamente estes problemas que adquirem um significado preciso e definido dentro do marco teórico da teoria de Piaget.

Informação e assimilação no início da alfabetização*

"Tem-se dado considerável atenção a atividades ligadas ao desenho espontâneo de crianças pequenas, mas suas primeiras tentativas para escrever têm escapado à percepção de psicólogos infantis. Talvez a razão para isto seja o fato de a escrita, muito mais do que o desenho, ser considerada objeto da instrução escolar. O conceito da escrita como um processo de desenvolvimento em crianças em idade pré-escolar é comparativamente novo."

Isto foi escrito há muitos anos, em um artigo assinado por G. Hildreth, que agora consideramos como uma pioneira neste campo. O artigo foi publicado em 1936, mas ainda hoje as mesmas palavras podem ser reproduzidas quase sem alterações.

Hildreth analisou em seu artigo a sequência de desenvolvimento que pode ser observada na maneira de as crianças escreverem seus próprios nomes. A escrita do nome próprio também será o principal tema da análise apresentada neste capítulo. Entretanto, a maneira de

---

* Capítulo para: *Emergent literacy*, W. Teale e E. Sulzby (Orgs.). Norwood, N. J. Ablex, no prelo. Traduzido por Marisa do Nascimento Paro.

compreender a "escrita como um processo de desenvolvimento" não será a mesma. Hildreth enfocou de modo exclusivo os aspectos *figurativos* das produções escritas: coordenação motora, utilização de instrumentos de escrita, velocidade, tendência para movimentos horizontais ou verticais, tendência para produzir unidades simbólicas distintas, constrição no espaço, traçado correto das letras, escrita correta do nome, inversões etc.

Sem dúvida, os aspectos figurativos são importantes. Eles quase sempre foram considerados como os únicos aspectos relevantes para as produções escritas. Entretanto, desde que começamos nossa pesquisa sobre o processo de desenvolvimento da escrita, consideramo-lo como um processo psicogenético, no sentido piagetiano. Logo ficou evidente que o enfoque sobre os aspectos figurativos obscurecia características mais importantes do desenvolvimento. Fomos portanto obrigados a colocar os aspectos figurativos em um segundo plano, a fim de permitir que os aspectos *construtivos* viessem à luz. Estes aspectos construtivos são os que realmente "escaparam da percepção de psicólogos infantis" (mesmo daqueles influenciados pela teoria piagetiana!).

A análise que segue é totalmente centrada nestes aspectos construtivos, e nenhuma definição poderia ser mais clara do que a própria análise. Por ora, é suficiente dizer que, após muitos anos de pesquisa neste campo,[1] ficou evidente que o sistema de escrita — como um objeto socialmente elaborado — é um *objeto de conhecimento* para a criança. A ligação entre a linguagem impressa e a oral não é imediatamente percebida pelas crianças. Mesmo quando crescem em um ambiente rico em experiências de alfabetização — como as crianças analisadas neste capítulo —, elas têm muitos problemas para compreender a relação entre a linguagem oral e as formas gráficas. A fim de compreenderem o conjunto de formas gráficas convencionais e suas regras de composição como um sistema representativo específico,

---

1. Não podemos dar aqui uma lista completa de nossas publicações sobre o desenvolvimento da alfabetização, publicações estas que começaram em 1977. A pesquisa foi feita com crianças de 3 a 7 anos de idade que diferiam em nível socioeconômico, em experiências escolares, em países de origem e em língua materna.

elas formam várias hipóteses[2] que são ordenadas evolutivamente e não de modo idiossincrático.

O desenvolvimento da alfabetização ocorre, sem dúvida, em um ambiente social. Mas as práticas sociais, assim como as informações sociais, não são recebidas passivamente pelas crianças. Quando tentam compreender, elas necessariamente transformam o conteúdo recebido. Além do mais, a fim de registrarem a informação, elas a transformam. Este é o significado profundo da noção de *assimilação* que Piaget colocou no âmago de sua teoria.

Neste capítulo, tentaremos seguir os altos e baixos do desenvolvimento do conhecimento específico em relação ao sistema de escrita, que depende de modo mais íntimo da informação fornecida pelo ambiente. Para tanto, escolheremos a escrita do nome próprio como nossa linha mestra. Conforme veremos, a informação fornecida pelo ambiente (principalmente a família, nos casos que iremos apresentar) algumas vezes é rapidamente aceita, algumas vezes ignorada e outras vezes francamente rejeitada. Nossa tarefa é compreender por que isto ocorre.

Seguiremos pormenorizadamente a evolução de duas crianças.[3] Ambas têm pais com nível universitário, pais para quem a leitura e a escrita são parte da vida diária e que têm um interesse genuíno pelo desenvolvimento de seus filhos (em especial, acompanham com grande interesse seu desenvolvimento intelectual). Estas crianças têm inúmeros livros a seu alcance: livros comprados para elas, livros que são lidos para elas, livros nas escrivaninhas de seus pais, livros utilizados em casa. Além disso, há revistas, periódicos e cartas recebidas em casa porque alguns parentes moram em outros países. Estas crianças têm papel e vários tipos de instrumentos para desenharem e escreverem. Além do mais, estes pais são sensíveis às perguntas dos filhos; estimulam estas questões e estão sempre prontos a respondê-las.

---

2. Utilizamos o termo *hipótese* em um sentido amplo, para se referir a ideias ou sistemas de ideias elaborados por crianças a fim de explicar a natureza e o modo de funcionamento de um determinado objeto conhecido. Naturalmente, crianças pequenas não utilizam estas ideias como hipóteses no sentido exato do termo.

3. Os dados relatados neste capítulo pertencem a um projeto de pesquisa patrocinado por uma subvenção conjunta das Fundações Ford e Spencer (Ford Foundation Project, p. 78-203). Participaram nesta pesquisa: Ana Kaufman, Nora Elichiray, Nydia Richero e Irma Ugalde.

SANTIAGO

Santiago é filho único. Com a idade de 2 anos (2;0, obs. 1) já é um consumidor ativo de livros de estórias. Seu pai lê, para ele quase todos os dias, mas Santiago pensa, como todas as crianças que tentam compreender esta situação específica de fala, que quando lê, alguém lê as figuras. Todavia, ele também consegue fazer uma distinção entre o texto e as figuras, chamando o texto de "o que está escrito" (*lo escrito*).* Ao apontar para o texto em um livro de estórias, ele diz — em sua fala de bebê — "está escrito isto" (*esto está escrito*, pronunciando "ito tá equito").

Quando ele tem 2 anos e 3 meses (obs. 2), continua a pensar que, ao ler, alguém lê as figuras, mas começa a interpretar rótulos comerciais. Apontando para o rótulo da frente de uma garrafa de Pepsi-Cola, ele fala: "Aqui diz Pepsi-Cola" (*Aquí dice Pepsi-Cola*). Então olha para o topo da garrafa e diz, "Aqui também diz Pepsi-Cola" (*Aquí también dice Pepsi-Cola*). Sua mãe pergunta-lhe onde se diz aquilo e ele responde: "Na parte azulzinha" (*En lo azulito*) (as letras são azuis). Ela lhe pergunta sobre a parte em vermelho, onde não há texto algum, e ele responde: "Lá não diz nada" (*Ahí no dice*).[4]

Dois meses depois (2;5, obs. 3), Santiago afirma que, ao ler, alguém lê os textos dos livros, não as figuras, "porque existem letras" (*porque hay letras*). O termo "letras" é utilizado para letras, mas também para números, em livros e em vários objetos. Alguns dias mais tarde (obs. 6, 2;5) um de seus amigos está lendo um livro. Santiago lhe pergunta: "Onde você está lendo?" O amigo — que está no nível pelo qual Santiago acabou de passar — responde que está lendo as figuras. Santiago o contradiz: "Não, aqui, onde estão as letras" (*No, acá donde hay letras*). Mais ou menos nesta ocasião ocorre o seguinte diálogo

---

* Para melhor entendimento do texto, as expressões em castelhano foram mantidas. (N. da T.)

4. Para Santiago, as letras já são objetos substitutos. Esta não é a regra geral para crianças de 2 anos. Para uma análise da transição entre letras como objetos e letras como objetos substitutos, vide E. Ferreiro (1984).

entre Santiago e sua mãe (obs. 5, 2;5). Ele pede à mãe para ler uma estória sobre gatinhos para ele. Segurando o livro, ela pergunta: "Onde devo ler?" Santiago aponta para o texto. Apontando para a figura dos gatinhos, ela pergunta novamente: "Posso ler aqui?" Santiago responde prontamente: "Não, estes *são* os gatinhos" (*No, esos son los gatitos*, com bastante ênfase no verbo).

Os fatos que acabamos de mencionar fornecem o contexto dentro do qual pode ocorrer uma intervenção decisiva de um membro da família, intervenção esta que terá consequências no restante da evolução (obs. 4, 2;5). Santiago quer escrever e pede alguns modelos. Alguém da família responde escrevendo o nome de Santiago (com letras maiúsculas) e as primeiras letras de alguns outros nomes pertencentes a pessoas bem conhecidas de Santiago. Este membro da família diz a ele: "Esta é de Santiago, esta é de Rúben" etc. (*Esta es la de Santiago, esta es la de Rúben*.) Santiago parece excitado com uma informação. Nos dias seguintes pede exemplos semelhantes de escrita. Dois dias depois consegue reconhecer muitas letras utilizando esta "regra de pertencer a" e pede mais informações do mesmo tipo. O resultado é o seguinte: está com 2 anos e 7 meses (obs. 12), Santiago reconhece sem erros letras diferentes como pertencentes a alguma pessoa conhecida. A lista é a seguinte:

R = "de Rúben" (seu pai)	S = "de Santiago"
P = "de papai" (*la de papá*)	C = "de Carmela"
M = "de mamãe"	E = "de Ernesto"
A = "de Anne"	F = "de Fernando"
I = "de Irma"	N = "de Nelson"
L = "de Luiz"	T = "de Tere" ou "de Teresa"
O = "de Omar"	G = "de Gabriel"

Santiago já estabeleceu uma base sólida para reconhecer letras. Além do mais, consegue fazer uma distinção entre "a letra de (alguém)" e o texto onde "deve estar escrito" tal nome específico. Consideremos agora o seguinte diálogo com o pesquisador.

O que é isto? (letra S)	"É a de Santiago" (*La de Santiago*).
Ela diz Santiago?	"Não, é de Santiago" (*No, la de Santiago*).
E quanto a esta? (letra R)	"É a de Rúben" (*La de Rúben*).
Ela diz Rúben?	"Não, é de Rúben" (*No, la de Rúben*).

Santiago sabe que a primeira letra sozinha não é suficiente para dizer o nome completo de uma pessoa, mas não compreende por que as pessoas colocam *as outras letras* a fim de dizer um nome específico. Por exemplo, quando escrevemos "Carmela", Santiago reconhece cada uma das letras como "de Carmela, de Anne, de Rúben, de mamãe, de Ernesto, de Luiz, de Anne... Por que você pôs todas elas juntas?" (*La de Carmela, la de Anne... etc. Para qué la pusiste todas juntas?*)

Ocorre exatamente o mesmo quando escrevemos seu próprio nome. Quando começamos a escrever (vagarosamente) SANTIAGO, ele diz logo: "de Santiago, de Anne, de Nelson, de Tere, de Irma, de Anne, de Gabriel, de Omar".

Por que estou pondo todas elas juntas?	"Pra ter três porque vou fazer três anos", (mostrando três dedos) (*Para que sean tres porque yo cumplo así*).
O que se diz aqui? (SANTIAGO).	"Santiago e papai foi trabalhar" (*Santiago... y papá se fue a trabajar*).
O que mais?	"Mamãe e papai" (*Mamá y papá*).

A primeira situação conflitante já está começando a surgir: esta regra de "pertencer a" faz com que Santiago identifique as letras com bastante certeza (ela também lhe fornece uma razão válida para fazer uma discriminação entre formas gráficas arbitrárias). Mas apenas uma letra não é suficiente "para dizer" um nome específico. São necessárias mais letras, mas estas *outras letras* também são propriedades de outras pessoas. A primeira letra permite-lhe predizer o que o texto diz (a primeira letra do lado da mão esquerda ou do lado da mão direita, conforme veremos abaixo), mas assim que toma a primeira letra para predizer o texto todo, ele é forçado a pôr de lado o fato de que as outras "pertencem" a outras pessoas (a de Nelson está lá, mas ela não diz Nelson; a de Gabriel está lá, mas não diz Gabriel; e assim por diante). Até que ponto as letras "dos outros" são parte constitutiva do nome próprio?

Outro problema relacionado a isto é o seguinte: qual é a razão para a quantidade de letras necessárias para cada nome específico? No caso de seu próprio nome, Santiago procurou uma razão (a mesma razão procurada por outras crianças): tantas letras quanto os anos que ele tem ou terá em um futuro próximo (e bastante almejado). Entretanto, se esta é a razão, há mais letras do que era de esperar. O que mais o texto pode "dizer" nas letras residuais? No exemplo que acabamos de apresentar, Santiago resolve o problema acrescentando "mamãe e papai". Na mesma entrevista perguntamos novamente a Santiago o que o texto SANTIAGO diz, e desta vez ele responde: "Santiago lavou suas mãos, foi brincar, comeu uma bolacha" (*Santiago se lavó las manos, fue a jugar, comió una galletita*); enquanto está dizendo todas estas frases, ele percorre várias vezes o texto com o dedo, da direita para a esquerda e da esquerda para a direita.

O que mais se pode aprender a partir desta informação? Obviamente que Santiago pode se mover livremente — da direita para a esquerda e da esquerda para a direita — em um texto escrito. Mas isto não é o mais relevante. A coisa realmente importante é que Santiago encontra letras demais no texto. É seu próprio nome, escrito da maneira que um adulto o ensinou a fazer, mas é um modelo que ele considera impossível de assimilar, por duas razões: em termos qualitativos, pela presença das letras "dos outros" no nome próprio; em termos quantitativos, porque há mais letras do que seriam necessárias. Tentando "absorver" estas letras residuais, ele olha em duas direções alternativas: ou o texto inclui o nome de pessoas intimamente ligadas a ele (e quem poderia ser mais intimamente ligado a ele senão "mamãe e papai"?), ou o que está escrito inclui coisas que Santiago faz, ao lado de seu próprio nome ("papai", mais as coisas que papai faz, aparecem como uma solução intermediária).

Nenhuma destas soluções é satisfatória, e há boas razões para tal descontentamento. Se o que está escrito significa as várias coisas que Santiago faz, por que "a letra de Santiago" aparece apenas uma vez? Se "Santiago" está escrito apenas uma vez, o que está escrito no texto que faz com que ele "diga" tudo que Santiago fez? (Veremos a seguir que, imediatamente após isto, Santiago — como todas as crianças — tem a ideia de que o protótipo para "alguma coisa ser escrita" é o substantivo, e em especial os nomes próprios.) A outra alternativa não é muito mais promissora: se Santiago está na companhia de "mamãe e papai", por que suas letras não estão no texto?

Esta situação conflitante não é a única identificada neste momento. Na mesma entrevista ocorre o seguinte diálogo:

O que é isto? (letra *R*)	"A de Rúben" (*La de Rúben*).
A letra de seu papai é a mesma que esta?	"Sim."
Você disse que esta (P) era de seu papai, e que esta (R) era de Rúben. Isto é possível?	"Sim, meu papai é Rúben" (*Si, mi papá es Rúben*).
Por que seu papai tem duas letras?	"Porque sim" (*Porque si*).
Anne tem apenas uma, Omar tem apenas uma, Irma tem apenas uma...	"Porque sim" (*Porque si*).
Santiago tem apenas uma...,	... / nenhuma resposta /
Qual delas é de seu papai? Apenas uma ou as duas?	"As duas" (*Las dos*).

Alguém poderia sentir-se tentado a concluir que Santiago está pensando nos dois nomes que correspondem a uma única pessoa ("papai" e "Rúben"). Entretanto, os dados complementares seguintes demonstram que precisamos ser cautelosos e não aceitar depressa demais uma tal interpretação.

Santiago está conversando com seu amigo Gabriel que, apontando para um P, diz "É de papai". Santiago responde prontamente: "Não é a de papai, é de *meu* papai" (*No es la de papá, es la de mi papá*). (Obs. 10, 2:6, que ocorre durante o mesmo mês da entrevista que estamos analisando agora.)

No pensamento de Santiago, as letras não são ligadas a nomes, mas a pessoas, como se fossem propriedade de pessoas específicas. Neste contexto, "papai" pode ser um proprietário privilegiado (aceito como tal). O conflito se resolve com uma exceção *ad hoc* à regra geral. Mas trata-se apenas de uma solução contingente e, conforme acontece com qualquer solução contingente, deixará caminho aberto para que o conflito surja novamente.

Uma terceira situação conflitante também é resolvida contingentemente: defronte a uma letra sem proprietário conhecido, Santiago decide que ela é a letra "de ninguém" (*de nadie*). Por exemplo, W é "de ninguém. É a de mamãe de ponta-cabeça" (*La de nadie. Está al revés de mamá*). (Obs. 12, 2;7.)

Há uma quarta situação conflitante deixada sem solução: até agora a família tem dado informações sobre seres humanos conhecidos, enquanto proprietários de letras diferentes, mas U foi mostrada como "a de unha" (*la de uña*), salientando a semelhança figural entre unha e *U*. Durante a mesma entrevista que estamos analisando (obs. 12, 2;7) ocorre o seguinte diálogo:

Para que servem as letras?	"Para pessoas" (*Para las gentes*).
Esta aqui (U) é para pessoas?	"Sim, não... sim, não..."
Pra que é que ela pode servir?	"Não sei" (ele continua em dúvida).
Existem letras que não são para pessoas?	"Não."
Todas elas são para pessoas?	"Sim."
Aquela para unha também?	"Sim... não... sim... não..."
	(em voz baixa, para si mesmo, estando em dúvida e em conflito).

Para resumir a situação neste ponto do desenvolvimento da alfabetização de Santiago: ele absorveu rapidamente as informações fornecidas pela família, mas as reformulou. A família deu informações sobre a primeira letra de nomes próprios, mas Santiago compreendeu que as pessoas eram proprietárias das letras. Cada pessoa deve ter sua própria letra, como se fosse parte de sua própria identidade. Esta letra não pode ser compartilhada. Por esta razão, quando a família dá a informação de que L — previamente identificada como "de Luiz" — também é a letra de Leonardo, Santiago rejeita esta informação e fica bastante perturbado (Obs. 8, 2;6).

As informações fornecidas pelo ambiente fizeram com que Santiago encontrasse uma razão para fazer uma discriminação entre as formas arbitrárias das letras, mas esta mesma racionalidade tem seus próprios limites: é aborrecedor (mas não mais do que isto) aceitar que há letras que pertencem a "ninguém"; é também um tanto perturbador aceitar que alguém (mas não "ninguém") tem o direito de ter duas letras, em vez de apenas uma; é ainda mais perturbador aceitar que há uma letra "para unha", sendo que todas as outras são "para pessoas"; é extremamente conflitante aceitar que as letras dos outros são uma parte constitutiva do nome próprio. Santiago irá prosseguir sua exploração rumo à alfabetização com todas estas informações disponíveis, mas também com todos estes conflitos.[5]

Como Santiago interpreta textos,[6] com todas as informações disponíveis? Dois procedimentos de interpretação coexistem, lado a lado,

---

5. Antes de prosseguirmos, convém dizer que na mesma entrevista que marca um momento decisivo no desenvolvimento de Santiago, ele consegue produzir, mas com grande dificuldade, algumas das letras que conhece (vide Ilustração 3). Também consegue ajustar a orientação espacial de sua interpretação a fim de manter a ideia de que as letras são "para pessoas" (por exemplo, olhando o texto UIO ele diz: "a da unha, a de Irma, a de Omar". Entretanto, quando lhe perguntamos o que significava o texto todo, respondeu "Omar", indo da direita para a esquerda). Finalmente, salientemos que ele começa, ao mesmo tempo, a distinguir números de letras. Os números são "de ninguém" e não são "para ler". Todavia, a distinção entre números e letras ainda não está bem estabelecida porque, de repente, ele pergunta (espontaneamente): "As letras são números, não é?" (*Verdad que las letras son números?*).

6. A palavra *texto* é utilizada neste capítulo para se referir a séries escritas de letras, tanto impressas quanto escritas à mão.

sem coordenação: um, toma a primeira letra como ponto de partida e a considera como uma letra-chave de uma determinada pessoa; o outro, toma o contexto como ponto de partida. Duas diferentes hipóteses interpretativas correspondem a estes procedimentos: uma, de que apenas os nomes próprios estão escritos no texto; a outra, de que nomes comuns estão escritos (tanto os dos objetos sobre os quais o texto é impresso, quanto os dos objetos desenhados nas proximidades do texto). Os seguintes exemplos ilustram os dois procedimentos de interpretação.

Quando está com 2 anos e 6 meses (obs. 10), Santiago pergunta o que está escrito em um rótulo preso a algumas bananas. A resposta que lhe dão é: "Está escrito Juanita Banana". Uma semana depois (obs. 11, 2;6), Santiago observa um táxi na rua e, apontando para a plaquinha no teto do carro, diz: "Aqui está escrito táxi, e nos papeizinhos presos às bananas estava escrito Juanita Banana" (*Ahí dice taxi, y en los papelitos de los plátanos decía Juanita Banana*). Quando brincava com alguns carrinhos (2;7, obs. 12), ele disse: "Esta é uma camioneta" (*Esta es una canometa*; "cañometa" é sua maneira própria de dizer o substantivo "camioneta"). Alguém lhe pergunta como sabe que é isto. Santiago vira-a, aponta-a para as letras na parte de trás do brinquedo e diz: "Cañometa". Também com a idade de 2 anos e 7 meses (obs. 13) mostram-lhe um livro com figuras de animais, sem texto. Ele nomeia os animais deste modo: "é um elefante, é um burro..." (*es un elefante, es un burro...*). Fazemos um cartão com o texto ELEFANTE e o colocamos embaixo da imagem de um elefante. Santiago diz: "Você pôs elefante" (*Le pusiste elefante*). Então mudamos o cartão de lugar, colocando-o embaixo ou ao lado de outros animais, perguntando em cada caso o que ele diz. Santiago altera o significado atribuído, dependendo do contexto: "leão, burro, cavalo". Novamente o cartão se torna "elefante", quando o colocamos em seu lugar original. O mesmo cartão em uma poltrona diz "poltrona" e quando o penduramos no ar ele diz "parede" (o objeto mais próximo).

Através de todos estes exemplos, é possível observar o funcionamento de procedimentos de interpretação dependentes do contex-

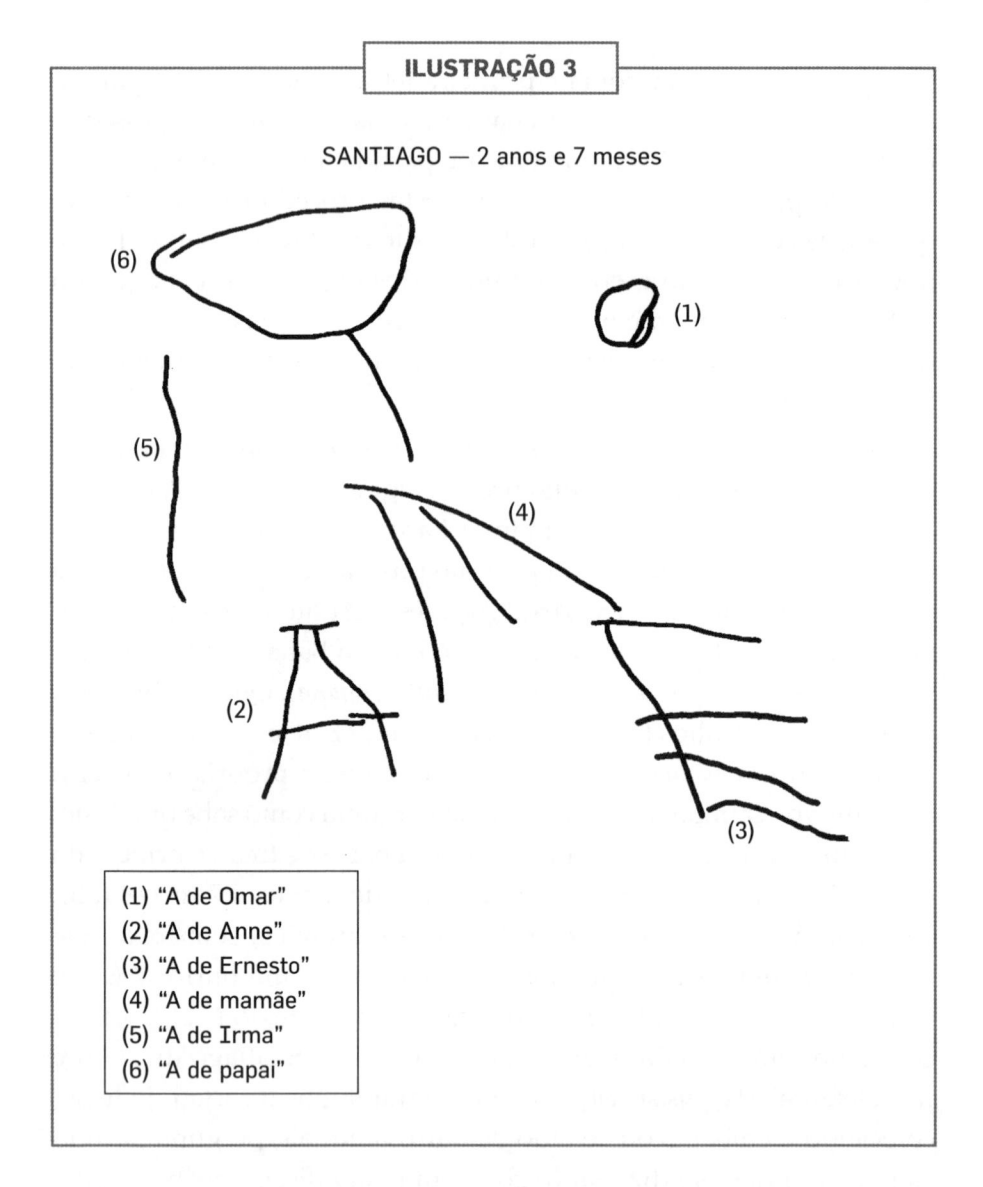

ILUSTRAÇÃO 3

SANTIAGO — 2 anos e 7 meses

(1) "A de Omar"
(2) "A de Anne"
(3) "A de Ernesto"
(4) "A de mamãe"
(5) "A de Irma"
(6) "A de papai"

to sem levar em consideração as propriedades qualitativas do texto (ou seja, as próprias letras que Santiago consegue identificar). A hipótese de que as letras que um objeto traz podem ser interpretadas como o nome deste objeto persiste ainda por muitos meses: quando está com 3 anos e 1 mês (obs. 25), Santiago recebe um brinquedo de presente. Olha para ele e diz: "Aqui estão as letras. Elas dizem o que ele é" (*Aquí hay letras. Dicen lo que es*). Na verdade, o que estava escrito no texto era a palavra MÉXICO.

É importante levar em consideração o fato de que em todos os exemplos anteriores há uma clara diferenciação na utilização do artigo indefinido: o artigo aparece para referir-se a um objeto ou imagem "é uma camioneta, é um elefante" (*es una cañometa, es un elefante...*), mas desaparece quando ele interpreta o texto. Demonstramos em outro lugar (Ferreiro e Teberosky, 1979, Cap. III) que esta utilização discriminatória do artigo é um indicador de enorme importância evolutiva.

Consideremos agora alguns exemplos de outros procedimentos de interpretação em contextos semelhantes, estando Santiago com as mesmas idades. Apresentamos-lhe algumas cartas de baralho cujas imagens têm seus nomes correspondentes. Perguntamos a ele o que diz cada uma (2 anos e 10 meses, obs. 17). Santiago pressupõe um nome próprio para cada um dos textos, utilizando as primeiras letras como indício, e ajustando a direção da leitura para a letra-chave: em "payaso" (palhaço) ele diz "Omar" (apontando da direita para a esquerda); em "gaúcho" ele também diz "Omar" (apontando da direita para a esquerda); em "gitana" (cigana) ele diz "Gabriel" (da esquerda a direita); em "nene" (menino) ele diz "Nelson" e em "bailarina" ele diz "Beto". Deste modo, ele pode atribuir o nome próprio de um menino à figura de uma menina, sem ficar perturbado por isto. Durante a mesma entrevista apresentamos-lhe um maço de cigarros perguntando o que o texto devia dizer. Santiago pensa que no texto "Marlboro" está escrito "Omar", apontando para o *O* final, e em outro texto semelhante afirma que está escrito "Mamãe", apontando para o *M* inicial.

Os dois procedimentos de interpretação que ilustramos com exemplos podem ser resumidos como se segue: ao se levar o *contexto* em consideração (o objeto ou a imagem), o texto diz "O que é"; ao se levar o *texto* em consideração, a primeira coisa a fazer é procurar o proprietário da primeira letra, a fim de saber o nome próprio que está escrito e, neste caso, o contexto deve ser deixado de lado.

Com a idade de 2 anos e 10 meses (obs. 17) registramos algumas tentativas não sistemáticas de lidar separadamente com a "regra de pertencer a" (ou regra de propriedade) já estabelecida para letras isoladas e a presença destas mesmas letras na composição de outros nomes. Em certos momentos Santiago tenta uma decomposição silábica de um nome a fim de saber quantas letras são necessárias: ele pede três para escrever "San-tia-go" e duas para "Rú-ben" (seu pai). Neste contexto parece claro que as três letras para seu próprio nome têm um significado diferente (embora complementar) de sua afirmação prévia "três, porque farei três anos". Na mesma entrevista ele parece abandonar a distinção prévia entre "a letra de (alguém)" e "ela diz (o nome próprio da mesma pessoa)":

(O pesquisador escreve S)	"Esta, sozinha, diz San-tiago" (*Esa sola dice San-tiago*).
Você não precisa de mais nenhuma?	"Não."
E quanto a esta? (T)	"Esta é de Tere" (*La de Tere*).
O que ela diz?	"Ela diz Tere" (*Dice Tere*).
Aqui está escrito Tere?	"Sim."

É interessante observar que, neste momento de seu desenvolvimento, em vez de fazer progressos na escrita de letras que já começou a desenhar, mas que está longe de escrever com perfeição, Santiago começa a desenhar pseudoletras.[7] Para estas pseudoletras ele inventa nomes absurdos como sendo de seus proprietários (sempre utilizando a fórmula: "É de fulano de tal", com nomes inventados). Além do mais, e de modo ainda mais estranho, ele também escreve

---

7. No desenvolvimento da alfabetização devemos distinguir cuidadosamente entre o desenho de letras e a escrita. Empregamos o termo *escrita* quando se pretende que um determinado significado esteja ligado à produção, ou quando a própria criança utiliza tal termo. As letras também podem ser tratadas, meramente, como formas gráficas que as crianças tentam *desenhar*. Algumas crianças utilizam a expressão "fazer letras" (*hacer letras*) como diferente de "escrever" (*escribir*).

seu próprio nome com três pseudoletras, fazendo então uma leitura silábica "San-tia-go", sendo uma sílaba para cada letra (2 anos e 11 meses, obs. 18 e 19).

Que significado podemos atribuir a esta aparente regressão ou "volta"? Não se trata de Santiago já ter esquecido a "regra de propriedade" já estabelecida. Ao contrário, ele aumentou a quantidade de letras reconhecidas com a mesma regra. Alguns dias depois pedimos para ele escrever a letra de Rúben, a de unha, a de Beto, a de Ernesto, e ele desenha todas elas de modo correto (vide Ilustração 4).

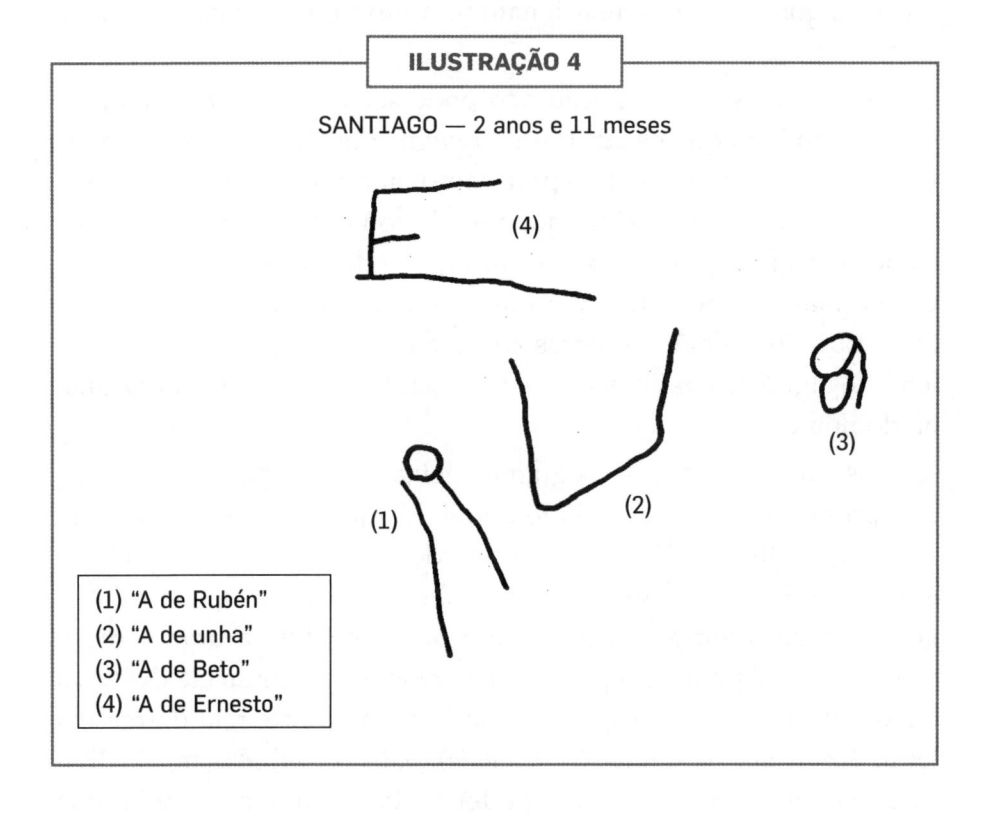

ILUSTRAÇÃO 4

SANTIAGO — 2 anos e 11 meses

(4)

(3)

(1)

(2)

(1) "A de Rubén"
(2) "A de unha"
(3) "A de Beto"
(4) "A de Ernesto"

Nossa interpretação destes fatos é a seguinte: Santiago não consegue reconciliar a regra de propriedade com o fato de que as mesmas letras são utilizadas para constituir outros nomes. Como não pode resolver o problema, ele tenta isolar os dois aspectos: apenas uma letra para cada pessoa, e o nome todo é apenas uma letra, trabalhando somente em nível qualitativo. Por outro lado, ele tenta compreender por que os adultos usam tantas letras para um único nome, e neste caso trabalha apenas em nível quantitativo, fazendo sua primeira análise silábica das palavras. (Conhecemos muito bem, através de dados de pesquisa anterior, a grande importância da descoberta da hipótese silábica.) As pseudoletras que está inventando fazem com que ele estabeleça uma dissociação momentânea entre os aspectos quantitativos e qualitativos do produto escrito (devido ao fato de os aspectos qualitativos se relacionarem muito intimamente à regra de propriedade).

Todavia, esta dissociação não pode ser uma solução. Santiago sabe muito bem que os adultos escrevem com "letras reais". Observa-se uma primeira tentativa para coordenar tanto os aspectos quantitativos quanto qualitativos quando ele comenta espontaneamente, como se segue: apontando para um O ele diz "é um [O] de Omar, Ooooo-mar", e apontando para um C ele diz "é o [ka] de Carmela" (2;11, obs. 20).[8] Então as letras começam a ser algo mais do que a letra de alguém; elas começam a ter o valor sonoro da primeira sílaba do nome.

As duas observações seguintes deixam claro que Santiago não está pronto para deixar de lado a ideia de que as letras não podem ser compartilhadas. Desenha um tipo de P e diz: "É a de papai" (*Es la de papá*). Sua mãe responde que também é a letra de Paula. Santiago, ao mesmo tempo perturbado e perplexo, busca uma solução conciliatória. Apontando para a parte redonda da letra, ele diz "esta é a de papai" (*la de papá*), e apontando para a parte reta da mesma letra, diz "esta é de Paula" (*la de Paula*) (3;0, obs. 24). Assim, ele divide a letra em duas partes para poder atribuir um nome a cada uma

---

8. [Ka] não é o nome da letra C em espanhol, mas a parte forte da primeira sílaba de "Carmela".

delas, em vez de ter a mesma letra para dois nomes diferentes. Um mês mais tarde (obs. 27, 3;1), Santiago se recusa a aceitar que a letra de Ana poderia ser a mesma que a de Anne (apesar da proximidade do som dos dois nomes). Também não aceita que Z seja a letra de Zorro, porque "é a de Nelson".

Quanto tempo Santiago levará para aceitar que uma determinada letra pode pertencer a vários nomes? Exatamente um ano do calendário: apenas quando está com 3 anos e 7 meses (obs. 40) é que começa a perguntar, primeiro com resignação e então com genuíno interesse: "A quem mais pertence esta letra?" (*De quién más es esta letra?*).

Por que Santiago absorveu rápida e avidamente as informações fornecidas pela família sobre o modo de identificar as letras e por que está rejeitando com tanta obstinação as informações também fornecidas pela família sobre o fato de as letras pertencerem a mais de um nome próprio?

Estamos no âmago de nosso problema. Nenhum dos "fatores" clássicos pode ser invocado para explicar o que acontece. Não se deve ao fato de Santiago ter perdido o interesse pela alfabetização (ao contrário). Ele tem um desenvolvimento intelectual bastante precoce (tem a noção da invariância numérica com 4 anos e 1 mês, bem mais cedo do que a idade média para tal). Não há pressões da família ou da escola que o obriguem a ir ainda mais rápido. Mas, mesmo sendo uma criança extremamente inteligente e estimulada, Santiago não consegue evitar as regulações cognitivas que são básicas para qualquer reorganização neste domínio. *Santiago não pode aceitar que uma letra pertença a mais de uma pessoa porque isto iria desorganizar todo o sistema elaborado.* A regra de propriedade (dada, conforme vimos, pela família em termos da letra inicial de nomes próprios, mas assimilada por Santiago como letras com apenas um proprietário) fez com que ele encontrasse uma boa razão para começar a tarefa de discriminação das formas gráficas arbitrárias. Além disso, esta regra fez com que ele soubesse o que dizia determinado texto, utilizando a primeira letra como indício. Se uma letra pertence a mais de uma pessoa, não se pode antecipar o que diz determinado texto, mesmo após uma meticulosa exploração das letras. É isto que atua claramente como um desorganizador, e esta é a principal razão para Santiago se empenhar em evitar a instrução de um elemento perturbador de tal magnitude.

Entretanto, isto não consegue explicar por que Santiago absorveu tão depressa o primeiro tipo de informação. Já sabemos — através de dados de pesquisas anteriores — que os substantivos (principalmente os nomes próprios) são o protótipo do "que está escrito". Crianças pequenas podem ter dúvidas quanto à possibilidade de outras classes de palavras serem escritas, mas têm certeza em relação a substantivos (Ferreiro, 1984).

Assim sendo, vamos supor que o modo através do qual a informação sobre as letras foi dada pela família pode ser facilmente assimilado porque corresponde a uma ideia já bem estabelecida pelas crianças. Isto implica o seguinte: a maneira de dar uma informação determina suas possibilidades de assimilação. Para ser assimilada, a informação deve ser integrada a um sistema elaborado previamente (ou a sistemas em processo de elaboração). Não é a informação, como tal, que cria conhecimento. O conhecimento é o resultado da construção de um sujeito cognoscente conhecido. Santiago nos mostra o quão difícil pode ser a elaboração deste conhecimento, apesar de todas as informações disponíveis.

Voltemos mais uma vez à história de Santiago. Antes que tivesse conseguido aceitar que uma letra pertence a dois nomes diferentes, temos os seguintes dados: quando está com 3 anos e 2 meses (obs. 26), ele volta à ideia de que apenas uma letra não é suficiente para "dizer" um determinado nome. Ele mantém a ideia de que textos existentes em objetos "dizem" os nomes respectivos. Ele tenta compor alguns nomes escritos estabelecendo uma correspondência entre a quantidade (ou o tamanho) das letras e o tamanho dos referidos objetos. Os seguintes exemplos mostram cada uma destas características (obs. 26, 3;2).

1. (Apresentamos a Santiago um conjunto de letras de plástico.)

"É de mamãe (*M*), é de Omar (*O*), de Gabriel (*G*), de Santiago (*S*)."
Ele põe todas as letras em uma linha, então acrescenta *I* (Apontando para o texto composto MOGSI). "Se pusermos esta daqui diz Anne" (MOGSIA).

E desta maneira? (tiramos o *A*, deixando MOGSI).

"Diz Irma."

"Diz Santiago."

E desta maneira? (tiramos o *I*, deixando o MOGS).
E desta maneira? (apenas G).

"Ele diz Gabriel mas... com apenas uma letra? Vamos acrescentar a de Diego e a de Anne" (GDA).

Agora diz Gabriel?

"Não, faltam mais" (*No, le faltan más*). Acrescenta *S* e o resultado é GDAS. "Agora está bom" (*Así ya está*). "Agora diz Gabriel" (*Así ya dice Gabriel*). "Gabriel com Santiago" (para Gabriel aponta da esquerda para a direita e para Santiago aponta da direita para a esquerda). "Porque Gabriel sempre brinca comigo" (*Porque Gabriel siempre juega conmigo*).

2. (Apresentamos a Santiago um cartão com a figura de um cachorro e um texto abaixo dele.) O que é isto? (apontando para o texto).

"Um cachorro" (*Un perro*).

"Cachorro, como é chamado" (*Perro, lo mismo que se llama*).

3. Como se chama o bebê que nasceu em sua casa? (seu primo).

"Ele se chama Paulito."

De todas estas letras, qual poderia ser a de Paulito?

"Esta pequenininha" (*Esta chiquita*, um pequeno x, a menor de todas no conjunto das letras de plástico).

(Sugerimos o seguinte jogo: ele deveria escolher os textos que combinassem melhor com alguns cartões de figuras. Mostramos-lhe uma figura de três galinhas e de um pintinho.) Qual devo pôr para estas?

"Pintinho e galinhas... Este aqui para o pequeno" (*Pollito y gallinas... Este para el chiquito*, escolhendo um texto de apenas duas letras).

Para o pintinho?	"Sim."
E para as galinhas?	"Um grande" (*Uno grande*).
Um ou muitos para as galinhas?	"Muitos" (*Muchos*). "Este, este, este" (escolhe três textos que têm mais ou menos o mesmo comprimento, com 8-9 letras de cada um). "Este para esta, este para esta e este para esta" (põe cada texto embaixo de cada galinha; põe então um texto de duas letras embaixo do pintinho).
Tudo isso junto quer dizer o quê?	"A galinha e o pintinho... são amigos" (*Gallina y pollito... son amigos*).
Onde está dizendo que eles são amigos?	"Tu-qui-tiqui" (uma sílaba em relação a cada texto; são sílabas sem sentido. Ele tenta evitar a situação; recusa-se a prosseguir com o jogo).

Os dados que acabamos de apresentar são muito reveladores. Já mencionamos a afirmação "filosófica" feita antes por Santiago ("Aqui estão as letras. Elas dizem o que é"), então com 3 anos e 1 mês. Agora ele acrescenta esta outra afirmação, também de caráter filosófico: as letras dizem "o nome com que ele (o objeto) é chamado". Esta é, sem dúvida, uma das funções específicas atribuídas por crianças pequenas a um texto escrito (Ferreiro, 1984).

As letras têm a função de representar as propriedades fundamentais dos objetos que o desenho não consegue representar, a saber, *seus nomes*. É uma função estranha à nossa costumeira visão do sistema de escrita como um meio de comunicação, mas *é uma função de um sistema de representação, por oposição a outros sistemas de representação*. Na verdade, as crianças começam (algumas vezes, simultaneamente, como fez Santiago) a lidar com três diferentes sistemas de representação: desenhos, letras e números. Um de seus problemas é compreender qual é a especificidade de cada um destes sistemas com referência a outros, enquanto sistemas representacionais (isto é, o que eles podem representar, o que não podem representar e como representam o que se espera que representem).

Tendo novamente aceitado que apenas uma letra não é suficiente para "dizer" um determinado nome, Santiago deve aceitar que as letras "dos outros" participam da constituição de seu próprio nome. Como compreender esta participação? Santiago começa elaborando a seguinte ideia: as letras "dos outros" estão lá apenas como "companhia amigável", para preencher a necessidade da quantidade mínima de letras (neste momento, requer pelo menos quatro). É esta primeira letra (a primeira do lado direito ou do lado esquerdo) que dá valor à totalidade. Com as mesmas letras — simplesmente acrescentando ou tirando alguma — obtemos um nome escrito diferente.[9] Cada letra está sendo considerada a partir de um duplo sistema de valores: tanto como "outra letra" (qualquer uma) que preenche a exigência da *quantidade* mínima e possibilita o ato de leitura, quanto como uma letra específica, na posição inicial, cujo valor *qualitativo* determina a interpretação do texto todo. Dependendo de sua posição numa dada série, uma letra pode assumir seu valor qualitativo ou um valor puramente quantitativo. É a primeira tentativa satisfatória para conciliar propriedades quantitativas e qualitativas. Esta coordenação entre as duas propriedades é crucial no desenvolvimento da alfabetização.

Enquanto isto, o que está acontecendo com o nome próprio de Santiago? Quando está com 3 anos e 6 meses (obs. 37), Santiago

---

9. Embora não estejamos lidando aqui com dados sobre a identificação de números, é interessante notar que alguns meses depois (3;7, obs. 41) este procedimento de compor nomes também se amplia para números. Santiago rejeitou os números como sendo "para ler" aos 2 anos e 7 meses. Não obstante, aceita-os um ano depois. Brincando com letras e números de plástico, compõe a série EY187 e nos afirma que ela diz "Ernesto". Acrescentando um N (NEY187) "diz Nelson". Modificando a série deste modo: Y187, ela "diz sete", e deste modo, GNEY18, ela "diz oito". Parece evidente que os diferentes sistemas representacionais não são elaborados separadamente, mas sim com vários tipos de interação entre si (incluindo interferências). Uma última observação: não é o caso de que a interpretação "sete" para a série Y187 fosse forçada pelo fato da impossibilidade de encontrar um proprietário para Y, porque por essa época o estoque das letras-chave de Santiago estava consideravelmente maior, e Y era identificada como a letra "de Yolanda".

começa a assinar seus próprios desenhos (Ilustrações 5 e 6). Escreve da esquerda para a direita, mas lê em qualquer uma das duas direções. Sua "assinatura" é composta de três ou quatro letras, seguidas por uma linha reta e um ponto, ambos interpretados por Santiago

ILUSTRAÇÃO 6

SANTIAGO — 3 anos e 6 meses

como "é quando acabou" (*es cuando terminó*). (Santiago é uma das poucas crianças estudadas por nós que, neste nível de desenvolvimento, utiliza sinais de pontuação.) Quando o nome escrito é composto por três letras, ele o lê silabicamente: "San-tia-go" (apontando e pronunciando uma sílaba para cada letra). Quando é composto por quatro letras, ele mantém a decomposição silábica do nome, mas acrescenta "fez isso" (*lo hizo*) para a letra residual "San-tia-go fez isso ou fez isso Santiago" (*San-tia-go lo hizo* ou *lo hizo San-tia-go*), dependendo do fato de o texto ser interpretado da esquerda para a direita ou da direita para a esquerda. As variações na quantidade de letras parecem relacionar-se às seguintes considerações: Santiago preferiria quatro letras como a quantidade mínima para um nome escrito, mas ao fazer uma análise silábica de seu nome (que o leva a interpretar cada uma das letras que o constituem) constata que devem existir apenas três. A oscilação entre os dois critérios se reflete nas variações da quantidade de letras.

Aos 3 anos e 9 meses (obs. 44) ele coloca três letras para seu próprio nome, mas agora as três são pertinentes e não apenas a primeira. Escreve SIO, uma letra para cada uma das sílabas de San-tia-go (Ilustração 7).

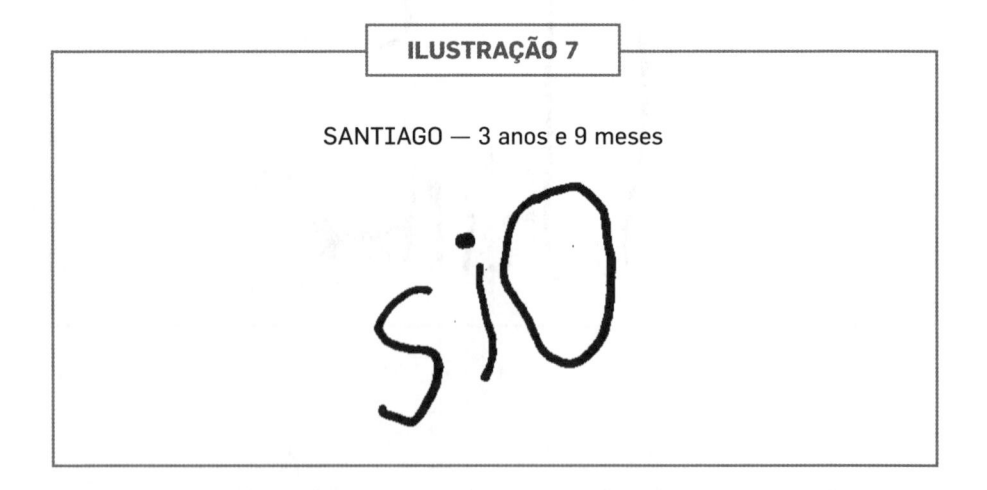

ILUSTRAÇÃO 7

SANTIAGO — 3 anos e 9 meses

Aos 3 anos e 10 meses pede a alguém da família para escrever seu nome. Tenta então lê-lo silabicamente, "esticando" a parte final, ao máximo possível: "San-tia-g-o" (nas primeiras quatro letras SANT.[10] Passa então a eliminar as quatro letras residuais, IAGO).

Aqui enfrentamos uma nova situação conflitante. Mais uma vez Santiago rejeita a informação dada pelo ambiente familiar. Mas desta vez as razões para rejeitá-la são diferentes e devemos entendê-las para que possamos ter uma real compreensão do desenvolvimento com o qual estamos lidando. Santiago fez grandes progressos em seu desenvolvimento de alfabetização: tentando compreender o significado de cada uma das letras que compõem seu próprio nome, ele o dividiu em sílabas e atribuiu a cada letra o valor de uma sílaba.[11] Ao fazer isto, pela primeira vez Santiago liga, especificamente, as partes do nome escrito às partes do nome pronunciado.

Este tipo de análise silábica não se limita ao nome próprio. Quando estava com a mesma idade (3;9, obs. 44), coletamos os seguintes dados: pedimos a Santiago para procurar cartões escritos que "combinem" com diferentes figuras. Santiago tenta várias vezes uma justificação silábica para os textos escolhidos. Por exemplo, LA serve para "si-lla" (cadeira) porque há duas letras para duas sílabas; BO é adequado para "si-llón" (poltrona) pela mesma razão; GATO poderia ser aceitável para "per-so-nas" (pessoas), utilizando desta vez o G para a primeira sílaba, A para a segunda e as duas letras restantes para a terceira sílaba; SILLA poderia ser aceitável para "pa-ya-so" (palhaço), utilizando o mesmo procedimento do caso anterior.[12] Esta análise silábica é puramente quantitativa, porque Santiago não presta atenção a nenhuma letra em especial (por exemplo, em SILLA, antecipa "payaso", apesar do fato de esta palavra começar com "sua própria" letra). Esta análise silábica

---

10. [san] (apontando para S), [tya] (apontando para A), [g] (apontando para N) e [o] (apontando para I).

11. Vide Ferreiro (1985) para uma análise mais pormenorizada dos problemas cognitivos envolvidos no início de um período silábico. Ver também o capítulo primeiro deste volume.

12. Quando as crianças utilizam uma análise silábica *para justificar* uma escolha já feita, elas sempre tentam uma solução conciliatória, conforme faz Santiago nos dois últimos casos.

coexiste com outros possíveis critérios de interpretação, especificamente com a possível correspondência entre a quantidade de letras e o tamanho do objeto que representa. Assim, por exemplo, Santiago pensa que o cartão para elefante deve ter "muitas e muitas letras" (*muchísimas letras*), porque o elefante é "o maior do mundo!" (*lo más grande del mundo!*).

Durante a mesma entrevista pedimos a Santiago para escrever os nomes das frutas e vegetais de uma feira de brinquedo e ele diz: "é melhor escrever falando" (*mejor escribiré hablando*), e isto significa pronunciar as palavras silabicamente. Quando ele diz uma sílaba, ele escreve uma letra. Por exemplo, *io* é o que escreve para "pi-ñas" (abacaxis). Mas algumas vezes utiliza apenas parte de uma letra para representar uma sílaba. Quando quer escrever "na-ran-jas" (laranjas), por exemplo, Santiago escreve *Si*: sendo o *S* para a primeira sílaba; o radical do *i* para a segunda e o *ponto* do *i* para a terceira sílaba! Os textos escritos produzidos por ele são, então — tanto neste quanto em todos os outros casos —, impossíveis de se interpretar se não conhecemos o processo de sua construção.

A brincadeira da feira foi tão excitante para Santiago que dois dias depois ele brinca espontaneamente. Desta vez, faz textos com quatro ou cinco letras que são então justificados silabicamente, mas agora consegue isolar alguns fonemas a fim de chegar ao final de suas produções (obs. 45, 3;9). Por exemplo, lê "ca-la-ba-s-as" (morangas), "na-ran-ja-s" (laranjas), "man-za-n-as" (maçãs). A hipótese silábica (ou seja, a de que cada letra tem o valor de uma sílaba) ainda não pode ser aplicada para controlar a produção; ela é aplicada apenas para justificar a produção já feita. Nenhuma das letras é pertinente para a sílaba que representa (no que diz respeito à correspondência som-símbolo).

Ocorrem alguns outros fatos relevantes durante este mesmo período. Lembremos que quando estava com 2 anos e 7 meses, um determinado texto mudava de significado, dependendo da imagem a que se associava (para ELEFANTE era possível ler-se "burro", "leão" etc.). Quando está com 3 anos e 9 meses a situação é diferente: uma vez que tenha dado uma certa interpretação, conserva o significado atribuído, mesmo que o texto seja trocado (obs. 44):

(Santiago atribui o texto SILLA — cadeira — a uma figura de palhaço. Perguntamos se era possível colocar o mesmo cartão para outro palhaço.) O que ele iria dizer então?	"Sim."
	"Palhaço, a mesma coisa." (*Payaso, lo mismo*).
(O texto GATO foi previamente atribuído a uma figura de cadeira. Colocamo-lo sob a figura de algumas pessoas.) O que ele diz?	"Cadeira" (*Silla*).
Este aqui (texto DUC, atribuído a um tigre) não serve para esta aqui (figura de um leiteiro)?	"Não, porque diz tigre e isto não é um tigre" (*No, porque dice tigre y eso no es tigre*).
Se eu o pusesse aqui, ele não iria dizer leiteiro?	"Não, não iria dizer isto" (*No, no va a decir*).

Alguns meses antes também tínhamos registrado comentários espontâneos como o seguinte: "*churrito... charrito... chorrito...*[13] eles têm as mesmas letras" (*tienen las mismas letras*) (3;3, obs. 29); "*asa* e *taza**têm as mesmas letras" (3;4, obs. 29). Começou então a demonstrar grande interesse em escrever com uma máquina de escrever. Ao fazer explorações com este instrumento, descobre que as letras têm duas formas (tipos maiúsculo e minúsculo) e começa a falar sobre "a outra de Nelson, a outra de Anne" (3;4, obs. 31).[14]

---

13. *Churrito... charrito... chorrito*: palavras usadas em jogos verbais conhecidos em espanhol como *trabalengua*, isto é, "trava-língua". (N. da T.)

* *Asa* e *taza*: asa e xícara. (N. da T.)

14. Trabalhar com a máquina de escrever tem outras consequências e uma nova ruptura na organização de números e letras. Por exemplo, antes de *e* ser convertido em "a outra letra de Ernesto", ele a chamou de "o número de Ernesto" (obs. 28). Algumas outras confusões

Com a mesma idade em que Santiago mostra a conservação do significado atribuído a um texto ao longo da variação de contexto, ele chega espontaneamente a uma dedução muito importante: se as letras são as mesmas (todas elas, e não apenas a primeira), o texto deve dizer a mesma coisa. Esta conclusão se aplica tanto a números quanto a letras. Quando tem 3 anos e 10 meses, Santiago observa o preço de dois produtos comerciais (duas latas do mesmo produto) e diz: "Elas têm o mesmo número, custam a mesma coisa" (*tienen los números iguales, cuestan lo mismo*) (obs. 48). Três dias depois observa duas latas de café e faz o seguinte comentário: "Elas têm as mesmas letras, dizem o mesmo" (*tienen las mismas letras, dicen lo mismo*) (obs. 49).

Quando tem quase 4 anos, Santiago parece ter todos os elementos que farão com que ele compreenda a natureza do sistema escrito utilizado por seu ambiente. Em outras palavras, ele está passando por um período definido de reorganização de sua própria hipótese sobre a natureza do sistema. Já sabe que é necessário olhar todas as letras que compõem um texto, e não apenas a primeira. Apresenta então uma das noções típicas de conservação: a conservação de um significado atribuído, ao longo de mudanças contextuais. Conseguiu fazer deduções lógicas de suma importância ("se eles têm as mesmas letras, devem dizer o mesmo", a despeito de não saber o que o texto diz). Construiu uma hipótese silábica (cada letra representa uma sílaba), hipótese esta que ninguém lhe ensinou, que Santiago elaborou sozinho, conforme também o fizeram todas as outras crianças que estudamos. Esta hipótese silábica faz com que as crianças comecem a compreender a relação entre a totalidade construída (o nome escrito) e as partes que a constituem (suas letras em uma determinada ordem), além de encaminhá-las para compreender a relação entre as letras e os sons da fala.

---

entre números e letras se devem à semelhança figural. Por exemplo, ao encontrar o número 6 em frente a um edifício ele diz: "ele tem a letra de Gabriel" (obs. 32). Em outra situação comenta: "O *o* de Omar algumas vezes é zero" (*La o de Omar a veces es cero*) (obs. 33). Até aos três anos e meio as letras minúsculas cujas formas são bem diferentes das maiúsculas correspondentes (por exemplo *a* e *e*) são denominadas "as letras da máquina de escrever" (*"letras de la máquina"*), mas algumas vezes são denominadas "os números que estão na máquina de escrever" (*números que están en la máquina*).

Todavia, esta mesma hipótese silábica abre caminho para novos conflitos, particularmente em relação ao nome próprio, conforme é escrito por adultos. Santiago novamente irá achar que há letras residuais em seu próprio nome quando as três sílabas são levadas em consideração. Não obstante, seu nome escrito estará lá, resistindo à hipótese silábica de Santiago e forçando-o, finalmente, a outro tipo de análise da palavra a fim de considerar todas as letras. Vejamos o que Santiago faz com seu nome quando tem 4 anos e 1 mês (obs. 52). Ele tenta várias leituras da escrita convencional de seu nome, sempre pulando algumas letras intermediárias a fim de chegar ao final.

Por exemplo:

```
S  A  N  T  I  A  G  O        (modelo escrito)
S - a - n -tia- g—      o     (leituras)
S -an -tia- g           o
```

Como sempre encontra algumas letras residuais, desiste e lê "direto": em vez de apontar para letras isoladas, coloca o dedo no início da palavra pronunciada, move-o suavemente da esquerda para a direita e termina com o dedo e a voz sobre a última letra.

Neste momento Santiago está perfeitamente consciente da diferença entre o que estava fazendo antes e o que está tentando fazer agora. Considere-se o seguinte diálogo (4;1, obs. 52):

(Mostramos-lhe uma caixa de fósforos apontando para o texto impresso nela.)	"Letras" (*Letras*).
O que dizem estas letras?	"Não consigo ler" (*No puedo leer*).
Mas você pode adivinhar...	"Não, não posso adivinhar" (*No, no puedo adivinar*).
Antes você estava adivinhando. Você esqueceu como é que se adivinha?	"Não me esqueci, mas agora já sou grande" (*No me olvidé pero ahora soy grande*)

No mesmo período de desenvolvimento, Santiago consegue enunciar facilmente o primeiro fonema de muitos nomes: *león* (leão) começa *"com l"*, *perro* (cachorro) começa *"com p"*. E, um pouco depois (4;36 obs. 54), consegue identificar de uma nova maneira as letras que já conhecia:

R = "o/r/, para dizer Rúben" (*la /rr/, para poner Rúben*)

D = "o /d/ de Diego"

J = "o /j/ de Juan"

T = "o /t/ de Tere e de toro" (touro)

Nesta ocasião específica recolhemos, entre suas coisas, algumas folhas de papel com nomes próprios bem escritos, com todas as letras, embora não distribuídas em ordem linear (4;3, obs. 53. Vide Ilustração 8, onde aparecem escritos os nomes "Pablo" e "Rúben"). Santiago sempre começa da esquerda para a direita, mas algumas vezes começa na parte superior e outras vezes na parte inferior de uma folha de papel. Quando atinge, na página, o limite do lado da mão direita, tanto retoma o lado esquerdo quanto se move da direita para a esquerda, acima ou abaixo das letras precedentes. De agora em diante seu progresso será muito rápido: três meses depois, Santiago escreve cartas completas e diferentes tipos de textos (que não analisaremos aqui). Seu nome sempre aparece bem escrito, se deixarmos de lado os aspectos figurais (porque continua a escrever da direita para a esquerda quando atinge o limite da página, e algumas vezes a letra inicial aparece com uma má orientação — vide Ilustração 9).

Esta última observação permite enfatizar a distinção necessária entre os aspectos construtivos e figurativos das produções escritas de crianças. Do ponto de vista figurativo, as produções escritas de Santiago ainda são bastante deficientes — e continuarão a sê-lo por mais alguns meses. Mas, do ponto de vista construtivo, elas são perfeitas. Apesar do fato de algumas vezes Santiago escrever da direita para esquerda ou de baixo para cima, apesar da orientação de algumas

ILUSTRAÇÃO 8

SANTIAGO — 4 anos e 3 meses

ILUSTRAÇÃO 9

SANTIAGO — 4 anos e 6 meses

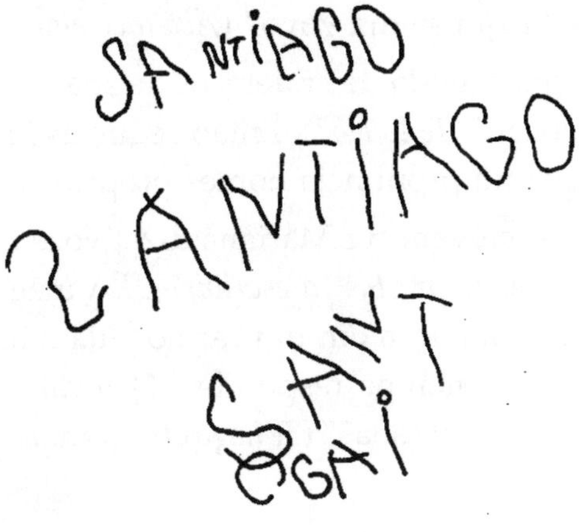

letras ser invertida, e da organização do espaço gráfico ser imperfeita, desde os quatro anos e meio Santiago escreve de acordo com os princípios alfabéticos, sem resíduos silábicos, e utilizando as letras com seu valor fonético convencional (com variações de ortografia compatíveis com o sistema, ainda que nem sempre correspondam à escrita padrão de cada palavra).

MARIANA

A evolução da menina que iremos analisar agora é diferente do caminho trilhado por Santiago. Ela também pertence a uma família que fornece muito estímulo referente à alfabetização. Tem uma irmã alguns anos mais velha. Desde que tinha 2 anos a família lia estórias para ela. A menina também começa com a ideia de que o que efetivamente se escreve são os nomes (sobretudo os nomes próprios), conforme se demonstra nos primeiros dados que obtivemos a seu respeito:

Mariana pega um livro sem figuras. Abre-o, e movendo a mão de cima para baixo ao longo da página diz: "Aqui está escrito Chapeuzinho Vermelho" (*Acá dice Caperucita Roja*). Vira a página, repete o mesmo gesto e diz: "Aqui se diz lobo" (*Acá dice lobo*), e novamente, em outra página: "Aqui se diz vovó" (*Acá dice abuelita*) (2;11, obs. 1).

Pega a pequena agenda de endereços de sua mãe e lhe pergunta: "Posso ler para você?" (*Te lo leo?*). Então segue as linhas de uma página a outra, enquanto pronuncia nomes próprios (3;0, obs. 2).

Sua mãe está escrevendo e Mariana diz: "Você pode me emprestar seu 'escrever'?" (*Me prestas tu escribir?*).[15] A mãe lhe dá a caneta. Mariana desenha uma curva em um cartão. Sua mãe lhe pergunta o que está escrito ali. A menina responde: "Diz Valéria (nome de sua irmã). Posso fazer outra pessoa?" (*Te hago otra persona?*). Faz uma linha

---

15. Mariana utiliza a forma infinitiva do verbo (*escribir* = escrever) como um substantivo.

semelhante e inicia outra atividade, deixando a linha sem interpretação (3;0, obs. 2).

Com a mesma idade — conforme fez Santiago no início de sua evolução —, Mariana pensa que é possível ler (ou narrar) tanto as figuras quanto o texto de um livro (3;0, obs. 2). Quando tenta ler, segue as linhas algumas vezes da esquerda para a direita e outras vezes da direita para a esquerda.

Quando está com 3 anos e 2 meses (obs. 4), pedimos-lhe para escrever seu nome. Ela desenha algumas linhas levemente curvas em diferentes cores, dizendo que está escrito "Mariana" em cada uma delas (Ilustração 10). Espontaneamente acrescenta linhas semelhantes onde está escrito "Valéria" (sua irmã) e, indicando uma pequena linha isolada, acredita que ela diga "Alejandrita" (uma priminha). Não reconhece seu nome quando o apresentamos escrito com letras maiúsculas.

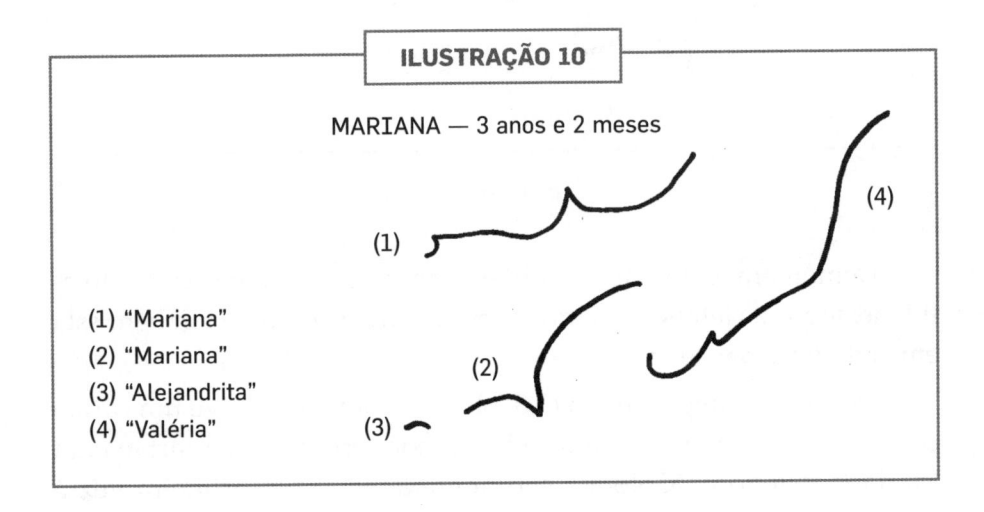

ILUSTRAÇÃO 10

MARIANA — 3 anos e 2 meses

(1)

(4)

(1) "Mariana"
(2) "Mariana"
(3) "Alejandrita"
(4) "Valéria"

(2)

(3)

Após alguns meses (3;6, obs. 7) Mariana diz que sabe escrever seu nome. Faz cinco letras maiúsculas (PSQIA) enquanto repete "Mariana" várias vezes (Ilustração 11). Então cobrimos parte deste texto para ver como Mariana interpreta as partes visíveis. Todas as vezes que perguntamos a ela: "O que está escrito aqui?",[16] suas respostas foram as seguintes:

PS ///	"Duas Marianas" (*Dos Marianas*).
//QIA	"Três Marianas" (*Tres Marianas*).
PSQIA	"Muitas" (*Muchas*).

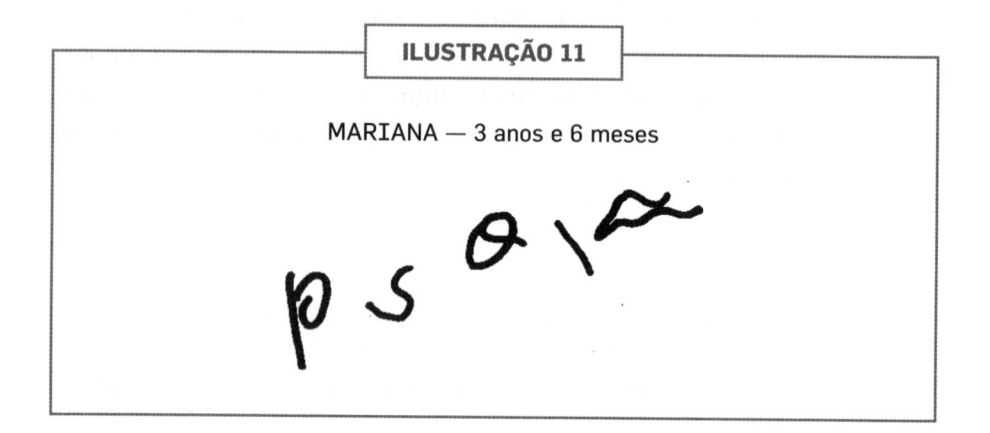

ILUSTRAÇÃO 11

MARIANA — 3 anos e 6 meses

Demonstra, então, uma indiferenciação entre as partes e a totalidade: todas as letras formam seu nome, mas seu nome também está em cada uma das letras.

Dois meses depois disto (3;8, obs. 8), sua mãe escreve um cartão postal que será enviado a sua avó. Quando termina, dá o cartão para Mariana dizendo: "Coloque seu nome aqui". Pela primeira vez a menina insiste para que a mãe escreva seu nome em outro pedaço de papel. Então copia-o com muito cuidado, apagando-o várias vezes e

---

16. Cf. Ferreiro e Teberosky (1979), Capítulo VI, para uma análise pormenorizada das respostas relativas ao desenvolvimento, obtidas com este procedimento.

reescrevendo-o até que se satisfaça com o resultado. (O modelo fornecido por sua mãe era em letras maiúsculas.)

Santiago estava frequentando uma escola maternal sem nenhuma instrução específica sobre a linguagem escrita, mas Mariana foi para uma escola que dava exercícios escritos (com letras *script*). Um dia, ao voltar da escola, Mariana diz: "Minha professora já aprendeu a escrever meu nome!" (*Mi maestra ya aprendió a escribir mi nombre!*).

Antes de prosseguirmos com a evolução do nome escrito, precisamos acrescentar alguns dados complementares. Como Santiago, Mariana acha que os textos que acompanham as figuras das cartas de baralho "devem dizer seus nomes" (*Tiene que decir cuál es el nombre*). Em todos os casos, pressupõe substantivos sem artigos, levando a figura em consideração. Por exemplo, em "gitana" (cigana) está escrito "menina" (*niña*), em "nene" está escrito "menino" (*niño*) etc. (3;6, obs. 7). Quando lhe damos algumas figuras e textos para que os cole em uma folha de papel, ela cola alguns textos, sem nenhuma instrução específica, perto das figuras e diz "Vou colar o nome" (*voy a pegar el nombre*). Não fornece texto algum para as figuras que já tinham letras (a figura de uma lata comercial, por exemplo), porque "elas já têm nomes" (*ya tienen nombres*). Quando escolhe os textos, presta atenção ao comprimento relativo do texto e da figura, sem se preocupar com as letras em si. Se dois textos diferentes são atribuídos a figuras que têm o mesmo nome, estes dois textos devem dizer o mesmo, apesar das diferenças objetivas (3;9, obs. 10). Espontaneamente começa a fazer uma análise silábica relacionada de certo modo ao ato de escrever. Diz: "Sei escrever *cinturón, cin-tu-rón*" (cinto), e ao mesmo tempo faz gestos imitando a escrita com o dedo no ar. Sua mãe pede-lhe para escrever seu nome e ela repete o gesto dizendo: "Ma-ria-na" (3;8, obs. 9).

Este procedimento silábico aparece claramente na entrevista relatada a seguir (3;9, obs. 10). Damos a Mariana uma folha grande de papel com figuras recortadas e coladas. Pedimos-lhe para colocar "os nomes" (*los nombres*) no papel. Ela escreve duas letras dizendo: "cu-chara" (colher, vide Ilustração 12). Não está satisfeita porque o

ILUSTRAÇÃO 12

MARIANA — 3 anos e 9 meses

comprimento do texto não coincide com o comprimento da figura: portanto, acrescenta mais algumas letras. Escreve da esquerda para a direita, mas lê da direita para a esquerda, apontando "direto" até o fim da palavra, "cuchara". Acontece o mesmo com a figura seguinte. Faz duas letras que correspondem a "ta-za" (xícara) — uma letra para cada sílaba. Observa a relação entre o comprimento da figura e o comprimento do texto e diz: "Não, falta muito" (*No, falta mucho*), e acrescenta letras até que cheguem às bordas da figura. Indo sempre da direita para a esquerda, tenta várias interpretações sem sucesso:

"ta-za... taaaaza... taaazaaa..." Desiste sem obter uma interpretação satisfatória da leitura.

A esta altura encontramos a primeira situação conflitante. Neste caso, o conflito ocorre entre dois aspectos quantitativos: o "nome" escrito deveria ter o comprimento da figura mas, ao mesmo tempo, cada letra deveria representar cada sílaba. A conciliação das duas exigências é impossível. Mariana começa a escrever com as partes silábicas do nome em mente e coloca apenas duas letras; então olha a figura e acha que seria preciso mais letras para alcançar suas bordas. Acrescenta letras e, apenas então, descobre a impossibilidade de aplicar uma interpretação silábica ao resultado.

Este mesmo conflito surge em relação a seu próprio nome, e seu comprimento é determinado por uma fonte "externa", como a quantidade de letras que os adultos decidem lhe dar. Mariana vem fazendo várias tentativas para copiar seu nome. Sabe copiá-lo, mas não consegue interpretá-lo porque faz uma interpretação silábica de cada letra, e há letras demais deixadas de lado. Sua irmã lhe explica que ela deve pegar as letras de duas em duas (duas para cada sílaba), com uma exceção: para a sílaba intermediária — *ria* — "você precisa de três". Mariana aceita a explicação, mas coloca a exceção no final da palavra: aponta duas letras para a primeira sílaba, duas para a segunda e as três residuais para a última sílaba. Alguns dias depois disto, observamos sua repetição do mesmo procedimento (4;2, obs. 12).

Já que a regra de "duas letras para cada sílaba" possibilita a Mariana uma melhor compreensão da composição de seu próprio nome, ela a aplica a todos os textos escritos. Damos-lhe a figura de um galo empoleirado em uma cerca. Mariana diz: "Não sei escrever galo. Não sei o /ga/" (*No se escribir gallo. No se la [ga]*. 4;0, obs. 11).[17] Nós a encorajamos a fazer da maneira que conseguir. Ela começa da direita para a esquerda, colocando letras e números que algumas vezes denomina corretamente: "o o... o três... " (*la o... el tres*). Faz um texto para "gallo" (galo) e, abaixo, mais dois: um para as ripas verti-

---

17. [ga] não é o nome da letra, mas a primeira sílaba da palavra.

cais e outro para as horizontais da cerca (Ilustração 13). Então lê "pa-los" (ripas) no último trecho (O30i), apontando duas letras para cada sílaba, da direita para a esquerda, ligando-as com pequenas linhas. Ela também lê "pa-los" no texto seguinte (30Ai), aplicando o mesmo procedimento de leitura. Quando chega ao primeiro texto (AOi30i), percebe que há letras residuais se o texto for lido como "ga-llo" e encontra imediatamente uma solução maravilhosa: "Aqui está escrito *ga-lli-na*" (galinha).

ILUSTRAÇÃO 13

MARIANA — 4 anos

Paramos aqui, por um momento, para perguntar sobre o tipo de informação qualitativa adquirida por Mariana porque, ao contrário de Santiago, ela parece concentrar-se exclusivamente nos aspectos quantitativos (*quantas* letras são necessárias para dizer tal ou qual nome, e não *quais*). Desde os 3 anos Mariana conhece os nomes das letras e dos números, mas os aplica sem correspondência com as formas gráficas respectivas. Qualquer letra pode ser chamada *"ce"*, *"ge"* ou *"u"*, assim como *cero* (zero) ou *cuatro* (quatro) (3;3, obs. 5). Também notamos falta de estabilidade quanto às denominações genéricas convencionais entre os 3 e 4 anos de idade. Ao voltar da escola, quando está com 4 anos e 2 meses (obs. 13), diz espontaneamente para a mãe: "Aprendi uma letra para ler" (*Me aprendí una letra de leer*). Sua mãe lhe pergunta se existem letras que não são para ler, e Mariana responde "Sim, as letras para contar" (*Si, las letras de contar*) (isto é, números). É apenas entre 4;3 e 4;6 que Mariana consegue reconhecer e denominar corretamente letras e números. As letras são "para ler" (*para leer*); os números são "para contar... para marcar... para saber" (*para contar... para ponerlos... para saberlos*), mas não servem para ler. De agora em diante recusa-se a colocar juntos números e letras em um determinado texto escrito.

O que está acontecendo na escola? Não temos observações diretas, mas seu trabalho escolar está cheio de páginas exatamente iguais: cada página tem uma figura e um texto correspondente repetido muitas vezes. E isto acontece tanto em espanhol quanto em inglês, porque em sua escola o ensino desta língua também ocorre através de textos escritos.[18] O que Mariana faz com os textos escritos em inglês? Não tem problemas: ela os lê silabicamente, em espanhol, pegando duas letras para cada sílaba. Assim, por exemplo (4;0, obs. 11), *an apple* (maçã) é convertida em "man-za-na" (2 letras para cada sílaba, mas 3 para a última); *car* (carro) é convertido em "co-che" agrupando as duas primeiras letras (entre o dedo indicador e o polegar à medida que diz a primeira sílaba; então, o polegar permanece na última sílaba enquanto Mariana mantém o indicador no ar, à medida que diz a última sílaba). Há várias páginas em espanhol onde os nomes e seus artigos definidos são seguidos por desenhos. Mariana

---

18. Mariana não é uma criança bilíngue, mas frequenta uma escola onde se ensina inglês (três horas por semana), sendo que a língua é introduzida simultaneamente na forma oral e escrita para crianças que ainda não sabem falá-la.

lê estes textos de acordo com a ideia compartilhada por todas as crianças: o que está escrito é o nome *sem* o artigo. Então, no texto *los osos polares* (os ursos-polares) Mariana diz apenas "oso" (urso); no texto *los tiburones* (os tubarões) diz apenas "pez" (peixe), levando em consideração somente o desenho que fez (4;11, obs. 17).

Estes são exemplos típicos de *assimilação deformante*, para usar a clássica terminologia piagetiana. A distância entre a informação disponível e as ideias das crianças é muito grande: elas não conseguem compreender por que a acomodação é impossível quando a assimilação também não é possível. O resultado é a distorção do objeto (neste caso, o texto escrito), que é totalmente assimilado aos esquemas interpretativos do sujeito, sem se levar em consideração suas propriedades específicas.

A escola está tentando ensinar uma coisa e Mariana está aprendendo outra. De maneira muito ingênua, a escola está supondo que Mariana, como todas as outras crianças, pode aprender imediatamente que os textos escritos se relacionam à pronúncia, de um modo bem preciso; se dois sons são os mesmos, damos a eles a mesma representação; se não são os mesmos, damos-lhes uma representação diferente. Não obstante, Mariana está explorando outras direções. Vejamos quais são elas. Apresentamos-lhe o nome escrito "gallo" (galo) (4;3, obs. 14). Perguntamos-lhe se precisaríamos de mais ou de menos letras para escrever "gallina" (galinha). Mariana responde "Menos. Porque a galinha é menor" (*Menos. Porque la gallina es más chica*). Tomando o texto-modelo como ponto de partida, escreve GALL. Pedimos a ela para escrever "politto" (pintinho) e Mariana diz: "Com as mesmas letras, mas com menos" (*Con las mismas, pero menos*) e escreve GAL (Ilustração 14a).

Durante a mesma entrevista perguntamos quantas letras são necessárias para escrever o nome de sua mãe (que tem duas sílabas). Mariana acha que precisamos de sete letras. A fim de escrever seu próprio nome pressupõe quatro letras (mesmo após tê-lo copiado várias vezes). Para o nome de seu pai pressupõe "umas mil!" (*como mil!*). Sílabas idênticas não recebem a mesma interpretação. Escrevemos PA, falando "diz 'pa'" e perguntamos como poderíamos escrever "papá". Mariana acrescenta duas letras diferentes (SM) e lê "pa-pá" (duas letras para cada sílaba). Acontece o mesmo quando escrevemos NE perguntando o que poderíamos fazer para obter "nene" (Ilustração 14b).

ILUSTRAÇÃO 14a   ILUSTRAÇÃO 14b

MARIANA — 4 anos e 3 meses

Podemos afirmar, então, que neste ponto de desenvolvimento Mariana concentra-se quase que exclusivamente nos aspectos quantitativos da escrita. A mesma sílaba, repetida duas vezes, pode ser representada por letras diferentes. Se houver duas letras para cada sílaba está tudo bem. Duas letras quaisquer.

Dizemos que Mariana concentra-se quase que exclusivamente, mas não totalmente, nos aspectos quantitativos, porque com esta idade ela presta bastante atenção a uma dimensão qualitativa que não tivemos necessidade de enfatizar no caso de Santiago. Para que um texto possa "dizer" algo diferente de outro texto, deve haver uma diferença objetiva entre eles. Esta diferença pode ser quantitativa (introduzindo-se variações na quantidade de letras) ou qualitativa (mudando-se as letras e/ou suas posições na sequência). Mariana percebe uma ou outra possibilidade em momentos diferentes. Quando tenta escrever "galinha" e "pintinho", tomando o modelo "gallo" como ponto de partida, introduz diferenças que refletem as diferenças em tamanho dos referidos objetos. Neste caso, mantém "as mesmas" letras por uma razão específica: as letras compartilhadas representam a semelhança de significado entre os três nomes escritos (que correspondem à mesma família), e a diferença na quantidade de letras representa a ordem das diferenças de tamanho dos três animais cujos nomes são escritos.

No caso das três sequências escritas para um galo empoleirado em uma cerca, as diferenças quantitativas não são motivadas pelas diferenças em tamanho, mas por diferenças na quantidade de sílabas destes nomes. Com um estoque muito limitado de formas gráficas (apenas quatro formas diferentes), Mariana cria diferenças entre as palavras escritas mudando a posição dos elementos na sequência. As duas séries escritas como "pa-los" são diferentes porque as ripas também o são (verticais ou horizontais); a diferença criada na representação é apenas qualitativa.

Logo, a partir dos dados apresentados, precisamos fazer uma distinção entre os diferentes modos de se estabelecerem diferenciações qualitativas ou quantitativas.[19]

a) *Diferenciação quantitativa intrarrelacional*: é expressa como a quantidade mínima de letras que uma sequência deve ter a fim de possibilitar uma leitura (deixando-se de lado qualquer outra consideração). Este modo de diferenciação entre sequências "legíveis" e "não legíveis" envolve a consideração de dois limites intrínsecos: tanto um mínimo quanto um máximo que determinam o alcance das variações quantitativas permitidas.

---

19. Estou propondo aqui uma nova classificação de modos de diferenciação conforme são elaborados por crianças. A relação entre estes modos de diferenciação e os níveis de conceptualização é bem complexa e não será desenvolvida aqui. Uma cautela necessária: esta diferenciação não implica que as diferenciações quantitativas e qualitativas que têm o mesmo nome apareçam simultaneamente no processo de desenvolvimento.

b) *Diferenciação quantitativa inter-relacional (não sistemática)*: estabelece-se pela quantidade de letras que um texto deve ter com respeito a um ponto referencial externo não estável. Por exemplo, no caso de Mariana, o nome de sua mãe deve ter mais letras do que o seu e menos do que o de seu pai; "pintinho" deve ter menos letras do que "galinha" e "galinha" deve ter menos do que "galo". A quantidade de letras depende do ponto referencial externo escolhido. Este ponto referencial tanto pode ser o próprio objeto referido quanto qualquer outra representação escrita (mais ou menos letras do que outro nome já escrito, para que se tenha uma representação diferente).

c) *Diferenciação quantitativa inter-relacional sistemática*: estabelece-se pela quantidade de letras que um texto deve ter em relação a um marco referencial externo considerado como fixo (tantas letras quantas forem as sílabas ou tantas letras quantos forem os fonemas de uma determinada palavra). Neste caso, estabelece-se um relacionamento entre dois sistemas: o sonoro e o gráfico. As correspondências feitas são sempre válidas.

Vejamos os mesmos três modos de diferenciação sob o ponto de vista qualitativo:

a) *Diferenciação qualitativa intrarrelacional*: estabelece-se pela exigência da variação interna, de acordo com a qual um texto escrito não pode ter repetição da mesma letra. Um nome deve ser escrito com letras diferentes. Crianças que falam espanhol geralmente adotam um limite bem claro: a mesma letra não pode aparecer mais do que duas vezes na mesma sequência (e, se possível, nunca em seguida). Mariana adota esta regra quando escreve "gallo" e "palos".

b) *Diferenciação qualitativa inter-relacional (não sistemática)*: para que haja interpretações diferentes deve haver uma diferença objetiva nos próprios textos. Se um texto "diz" tal ou qual nome, o texto seguinte deve apresentar uma diferença qualitativa (isto é, este último texto não pode ter as mesmas letras

na mesma ordem). Está claro que uma diferenciação quantitativa inter-relacional cria automaticamente uma diferenciação
qualitativa da mesma espécie. É este mesmo modo de diferenciação que encontramos nas palavras escritas por Mariana
e mencionadas anteriormente ("gallo" e "palos").

c) *Diferenciação qualitativa inter-relacional sistemática*: estabelece-se
pela possibilidade de determinar quais letras, e em que ordem,
compõem um nome escrito, com relação a uma estrutura
referencial externa fixa. Neste caso, as letras não são mais
letras de espécie alguma (mudando quando muda o ponto
referencial), mas têm valores estáveis (valores silábicos ou
fonéticos). A exigência de unidades gráficas semelhantes para
unidades sonoras semelhantes não obriga a adoção dos valores sonoros convencionais das letras, mas em geral é isto o
que acontece, porque as crianças não inventam inteiramente
o sistema escrito: elas descobrem as leis de um sistema socialmente elaborado (sistema este que não assimilam até que
tenham realizado a difícil tarefa de sua reconstrução, que
estamos apresentando aqui).

Onde podemos colocar a "regra de propriedade" utilizada por
Santiago? Podemos pensar que se trata de uma diferenciação qualitativa do terceiro tipo, porque esta regra cria um ponto referencial
fixo. Mas afirmaremos que é do segundo tipo, devido às razões arro-
ladas a seguir. Esta regra não possibilita uma comparação entre as
letras — como um sistema — com o "sistema de pessoas conhecidas".
Ao aplicar esta regra, Santiago obtém pares sem quaisquer relações
entre si: a relação entre Santiago e "sua" letra; a relação entre Rúben
e "sua" letra, e assim por diante. A relação entre os próprios proprietários é tão opaca ou indeterminada quanto a relação entre as próprias
letras. Já que é um sistema de relacionamento de um a um, as exceções
são evitadas: uma única letra não pode ter mais do que um proprietário porque isto irá destruir a correspondência um a um e pode
forçar a consideração de uma possível razão para tal "anomalia" que

vai muito além daquilo que é necessário para esta correspondência um a um. Não há um relacionamento estável entre dois sistemas, apenas um relacionamento estável entre elementos não comparáveis entre si. Além disso, no caso de Santiago, a relação entre as letras e um ponto referencial externo se limita à letra inicial de uma sequência. Não importa quais sejam as outras letras. A diferenciação qualitativa se limita a um ponto exato na sequência; não pode ir além dela.

Com os novos elementos teóricos de análise, voltemos à evolução de Mariana no que se refere à escrita de seu nome. Com 4 anos e 3 meses (obs. 14) Mariana reconhece seu nome escrito com letras maiúsculas. Conforme já vimos, ela lê pegando duas letras para a primeira sílaba, mais duas para a segunda e as três letras residuais para a última. Agora, quando ocultamos partes deste texto, obtemos as seguintes respostas:

MA////	"Ma-riá"	(uma sílaba para cada letra)
////NA	"riá-na"	(idem, mas da direita para a esquerda)
MARI///	"Ma-riá"	(duas letras para cada sílaba)

Mariana oscila entre as duas regras possíveis: uma sílaba para cada letra ou uma sílaba para duas letras. Agora está convencida de que nas partes de seu nome escrito estão as partes silábicas de seu nome, mas como saber exatamente onde estão? Quando está com 4 anos e meio, Mariana sabe escrever seu nome, sem copiá-lo (obs. 15, Ilustração 15). Tem tanto orgulho de seu feito que o mostra para nós, beija-o e diz: "é assim que se escreve meu nome, não é?" (*Verdad que así se escribe mi nombre?*). Não obstante, quando lhe perguntamos, alguns minutos depois, quantas letras há em seu nome, ela responde: "Cinco, eu acho.../m/,ma,ri,a,na. Quatro?... Ma-ri-a-na". Já consegue escrever seu nome convencionalmente, mas ainda não compreende por que é escrito desta maneira. A prova do que dissemos acima é a seguinte: quando tenta lê-lo, ela diz:

M A r i A n A   (nome escrito)
ma-ri- a - n - a - n - a   (interpretação de leitura)

ILUSTRAÇÃO 15

4 anos e 6 meses

MAᴦiᴀhᴀ

Isto também nos mostra que Mariana retrocedeu a uma correspondência um a um. (Por que duas letras para uma única sílaba? É mais lógico que haja apenas uma unidade do lado representacional para cada unidade do lado falado.) Ao tentar "alongar" seu nome, Mariana rompeu o ditongo da segunda sílaba. Ao fazer isto, obteve mais uma sílaba ("Ma-ri-a-na"), mas isto não é suficiente para controlar todas as letras. Para as letras residuais Mariana repete os dois últimos fonemas, sem tratá-los como tal. Dois meses depois as coisas continuam idênticas (4;8, obs. 16). Nesta época escreve seu nome principalmente com letras *script* e com uma permutação na ordem delas: MairaNa (Ilustração 16). Todas as leituras tentadas por ela não são satisfatórias:

M a r i a Na   (nome escrito)
ma - ri-a -na ....
ma   -ri-a n -n-n- a   (leituras)
ma -ri-a - na -a-a-a

ILUSTRAÇÃO 16

4 anos e 8 meses

Entre a primeira e a segunda tentativa lê "diretamente", mas isto não a satisfaz porque este tipo de leitura implica nada mais do que o reconhecimento de seu nome escrito, e este não é o problema de Mariana: seu problema é compreender a significação de cada uma das partes que compõem esta totalidade.

No mesmo período de desenvolvimento (4;6, obs. 15), aplica a mesma hipótese silábica a outras produções escritas. Quando prepara os textos referentes a alguns cartões para uma feira de frutas e verduras, pode aplicar a hipótese silábica não apenas para controlar sua produção, mas também para prever quantas letras irá escrever. Por exemplo, escreve ROUO para *"ji-to-ma-tes"* e MOU para *"li-mo-nes"*.* Presta especial atenção à diferenciação qualitativa inter-relacional (não sistemática, porque as letras que escreverá para um determinado nome são determinadas por aquelas que já colocou para os nomes anteriores). Também presta atenção à diferenciação inter-relacional quantitativa que está se tornando sistemática (coloca uma letra por sílaba, mas nem sempre).[20] Por manter a exigência de três letras por palavra, também tem problemas com as palavras de

---

* *Jitomates* e *limones*: tomates e limões. (N. da T.)

20. Em duas ocasiões escreve quatro letras para palavras de três sílabas fazendo os ajustes necessários quando lê: OMOM é "na-ran-ja-jas" ou "na-ran-j-jas"; UROA é "chi-cha-r-os". *Naranjas e chicharos*: laranjas e ervilhas. (N. da T.)

duas sílabas. Por exemplo, para "piñas"* põe OMR com a interpretação "pi-n-ñas".

Os conflitos centralizados em critérios para o controle quantitativo continuam e são ainda mais sérios do que antes: ela precisa de tantas letras quantas forem as sílabas, mas de pelo menos três letras para ter uma sequência que seja interpretável. Os dois critérios levam a resultados contraditórios. Também detectamos outros conflitos que aparecem quando Mariana busca uma correspondência entre aspectos quantitativos de uma representação e aspectos quantificáveis do objeto referido. Quando está com 4 anos e 8 meses (obs. 16), esta situação conflitante se torna aparente em três casos específicos: quando escreve um substantivo no plural; quando escreve a forma diminutiva de um substantivo; quando escreve dois substantivos que correspondem a objetos reais com grande diferença de tamanho. Vale a pena considerar os três casos a seguir:

1. Pedimos a ela para escrever *gato*. Ela escreve MI enquanto diz "ga-to". Observa o resultado e acha que será necessário mais uma letra (para estar de acordo com a exigência da quantidade mínima). Reanalisa silabicamente a palavra e conclui: "Não falta nenhuma" (*No me falta ninguna*). Pedimos-lhe para escrever *gatos*, mostrando-lhe a figura de três animais desta espécie. Ela pega outro cartão. Em um lado deste cartão escreve o número 3 e, do outro lado, copia seu texto anterior (MI). Então o lê como "ga-to" e não se satisfaz. Diz: "Tinha que continuar, Ga-a-tos. Três gatos. Não! Duas! Mais duas letras. É que estas não estão certas" (*Es que éstas no son*). Então troca o texto MI pelo texto SU.

2. Mariana aprendeu a escrever "oso" (urso) na escola. Pedimos a ela para escrever esta palavra e então perguntamos-lhe se precisaríamos de mais ou de menos letras para escrever "hormiguita" (formiguinha). Ela responde: "Menos! porque ela é muito pequena! Apenas duas!" Escreve SO e lê "hor-mi..."

---

* *Piñas*: abacaxis. (N. da T.)

acrescenta outra letra (SOS) e lê "hor-mi-ga". Lembramos a ela que a palavra verdadeira era "hormiguita". Ela acrescenta outra letra (SOSE) e lê "hor-mi-gui-ta". Mas agora compara este texto de quatro letras com o primeiro (de apenas três para OSO). Está perplexa e tão perturbada que rejeita as duas produções escritas.

3. Pedimos a ela para escrever "pato". Mariana escreve quatro letras (ESOS); então lê "pa-to-pa-to". Risca o S final (no momento a quantidade mínima é três); então lê "pa" na primeira letra e a segunda sílaba "to" nas duas letras restantes. Pedimos a ela para escrever "patito" (patinho). Ela acha que esta palavra deveria ter menos letras, então escreve ES, mas não fica satisfeita por duas razões: primeiro, porque a quantidade de letras é menor que o mínimo requerido; segundo, porque a leitura silábica a converte em "pa-to". Volta a sua sequência inicial (ESO) e diz: "pa-ti-to". "Seu nome está aqui, o do patinho" (*Aquí está su nombre, el del patito*).

Mariana não conseguiu resolver os conflitos impostos pela escrita. Está se concentrando nos aspectos quantitativos que ainda não consegue controlar de maneira satisfatória. Durante todo esse tempo deixa de lado as informações qualitativas fornecidas pela instrução escolar e mesmo as informações qualitativas que poderia obter a partir de seu próprio nome escrito.

Mariana não tem um desenvolvimento intelectual lento: na verdade, é tão precoce quanto Santiago. Quando está com 4 anos e meio conserva a invariância numérica.[21] E isto não é tão estranho se levarmos em consideração o fato de que ela estava trabalhando espontaneamente em atividades de correspondência um a um em vários domínios, particularmente na alfabetização (porque a hipótese silábica é sem dúvida um caso específico desta correspondência um a um).

---

21. Estamos nos referindo aqui à noção de que a quantidade de objetos em conjunto permanece a mesma, se não acrescentarmos ou tirarmos nenhum, a despeito das alterações figurativas introduzidas no conjunto por qualquer outra transformação (vide J. Piaget e A. Szeminska, 1941).

Seu nome escrito, como uma informação fornecida pelo ambiente cultural, ainda resiste a seus esquemas assimilatórios. Com a idade de 5 anos e 2 meses ela faz seu nome com um abecedário de blocos de madeira da seguinte maneira: MAIRANA. Então começa a copiá-lo escrevendo todas as letras invertidas (Ilustração 17).[22]

Os problemas de interpretação continuam os mesmos:

M a i r a n a	(texto)
ma -ri- a	
ma - ri	(leituras)
mai ri- a	

ILUSTRAÇÃO 17

5 anos e 2 meses

Pela primeira vez suas tentativas de ler demonstram-nos um conflito qualitativo, ao invés de um conflito puramente quantitativo: Mariana se incomoda quando pronuncia a sílaba "ri" apontando para

22. Deve-se salientar que Mariana sempre utilizou a mão esquerda para escrever, apesar de usar a mão direita para muitas outras atividades. Este fato não explica todas as inversões e alterações na direção escolhida para ler ou escrever. Santiago era destro, mas também produzia inversões e alterações na direção escolhida para ler ou escrever. Todas as crianças que estudamos longitudinalmente produziram — em diferentes momentos e em várias quantidades — algumas inversões. Apenas mencionamos este fato. Os pormenores relativos a tais fenômenos são marginais à nossa presente análise.

um "a" e a sílaba "a" para a letra *i*. É por estas razões que retoma sua regra anterior: "duas letras para cada sílaba" (quando lê "ma" para as duas primeiras letras e "ri" para as outras duas). Entretanto, isto não é satisfatório e ela tenta uma solução mista: "ma" para as duas primeiras letras, "ri" para *i* e "a" para *r*. Dizer "ri" para *i* é aceitável, mas pronunciar "a" para um *r* não é bom de jeito nenhum, porque agora Mariana está começando a dar o valor sonoro convencional às vogais.

Dois meses depois (5;4) Mariana novamente escreve seu nome com as letras na ordem certa, tanto da maneira convencional quanto com as letras invertidas (Ilustração 18). Quando trabalhamos com as partes de seu nome, o conflito domina a situação:

MA/////	"Ma"
M//////	"Ma"
Ma/////	"Mári... marí... marí... ma-rí... mári"
Mari///	"ma-ri-a-na Não, não! Marí María Marí ... ... Mári..."
MI/////	"Ma"
Ma/////	"Mari"
Mari///	"Mari"

ILUSTRAÇÃO 18

6 anos

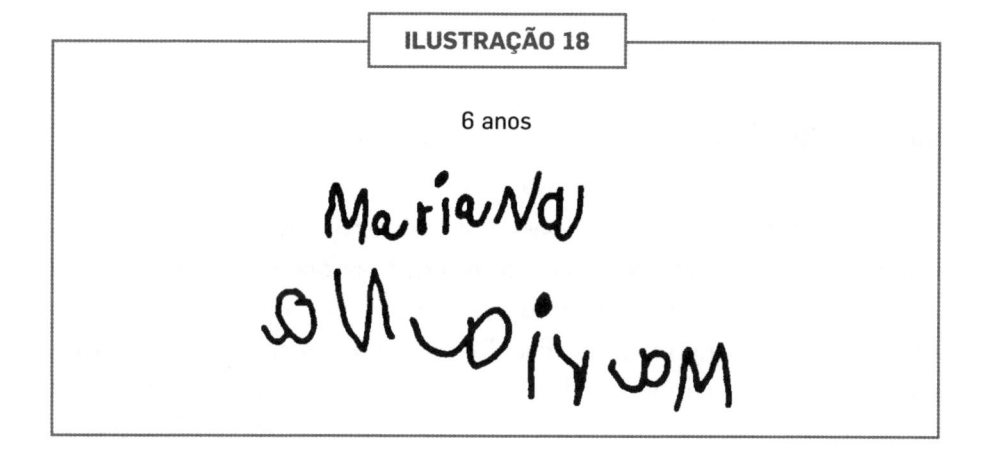

Percebe que não consegue encontrar uma solução e diz bem indignada: "Você nunca tinha feito esta pergunta antes!" (*Es que nunca me habían preguntado esa pregunta!*) (Naturalmente, de tempos em tempos, nos últimos dois anos, trabalhamos com ela exatamente o mesmo problema e utilizando a mesma técnica.)

Infelizmente, nesta época fomos obrigados a parar o estudo longitudinal. Ela sabia produzir e denominar as vogais e algumas consoantes, mas conhecia apenas letras isoladas. Quando compunha um texto, as mesmas letras assumiam valores diferentes. Não temos dados sistemáticos correspondentes aos meses seguintes, mas sabemos que por volta dos 6 anos de idade (6;0, obs. 22) Mariana conseguia escrever mensagens e letras que sinalizava sem dificuldade (Ilustração 19).

ILUSTRAÇÃO 19

6 anos

Mariana

Considerações finais

Apresentamos, de forma bastante pormenorizada, certos aspectos da evolução da alfabetização de duas crianças precoces pertencentes à classe média. Entretanto, não apresentamos todos os dados que obtivemos com estas crianças. Escolhemos expressamente aqueles que consideramos relacionados de maneira mais íntima com a produção de seus próprios nomes e com a maneira de elas compreenderem esse processo. Por que tantos pormenores? Há razões para isto. Mencionaremos algumas delas. Em termos gerais, nossos objetivos eram os seguintes:

a) Por meio de minuciosa análise dos fatos, tentamos demonstrar o profundo significado da dinâmica da equilibração formulada por Piaget, como um modelo geral de aquisição do conhecimento. O fato de tomarmos a teoria de equilibração de Piaget como um marco teórico geral para interpretação dos dados ampliou nossa perspectiva sobre a alfabetização. Esta teoria não nos eximiu de fazer pesquisa empírica. Ao contrário: ela nos forçou a encontrar novos procedimentos técnicos que nos possibilitaram tornar manifestos fatos difíceis de se obter apenas através da observação; a combinar observação com experimentação; a fazer uma análise rigorosa de aspectos específicos dos fatos; a fazer suposições teóricas sobre os dados que estávamos processando para que eles, por sua vez, nos guiassem em novas coletas de dados.

b) Também queríamos demonstrar que, se os conflitos surgem no centro da evolução (porque a principal razão para a elaboração de sistemas novos e mais coerentes é na verdade a necessidade de superar as contradições, cf. Piaget, 1975), não se pode descrever o desenvolvimento como uma sucessão de conquistas. Progredir na alfabetização adentro não é uma jornada tranquila. Encontram-se muitos altos e baixos neste caminho, cujos significados exatos precisam ser compreendidos. Como qualquer outro conhecimento no domínio-cognitivo, é uma aventura excitante, repleta de incertezas, com muitos momentos críticos, nos quais é difícil manter a ansiedade sob controle.

c) Queríamos dar um exemplo concreto de nossa maneira de trabalhar em estudos de caso longitudinais. Na maior parte das vezes, os exemplos concretos são muito mais claros do que as afirmações gerais sobre questões metodológicas.

d) A evolução de crianças que crescem sob condições culturais semelhantes pode diferir consideravelmente. Por outro lado, embora as evoluções destas duas crianças pareçam ser tão diferentes no que diz respeito à maneira de trabalharem com as informações disponíveis, ambas se assemelham bastante sob o ponto de vista da dinâmica do desenvolvimento (à parte o conteúdo específico sobre o qual elas podem estar trabalhando). Tanto Santiago quanto Mariana tentam reconciliar evidências contraditórias; ambos passam por períodos de sérios conflitos; ambos selecionam (a partir das informações disponíveis) aquilo que conseguem assimilar; os dois negligenciam informações por razões muito precisas; ambos não se satisfazem até encontrarem um sistema interpretativo geral coerente.

e) Finalmente, queríamos enfatizar o quão necessário é este tipo de processamento pormenorizado de dados se pretendermos idealizar meios de intervenção que considerem os problemas *conforme são definidos pelas crianças*. Não estamos sugerindo que todas as crianças enfrentem exatamente os mesmos problemas de coordenação, mas sim que todas elas terão problemas quando tentarem coordenar os aspectos quantitativos e qualitativos da escrita, que todas elas passarão por uma sequência de critérios intra e inter-relacionais de diferenciação e que todas elas constroem sistemas interpretativos que não são réplicas espelhadas daquilo que lhes foi ensinado.

A interpretação da escrita antes da leitura convencional*

Muito antes de serem capazes de ler, no sentido convencional do termo, as crianças tentam interpretar os diversos textos que encontram a seu redor (livros, embalagens comerciais, cartazes de rua), títulos (anúncios de televisão, histórias em quadrinhos etc.).

O estudo dessas atividades de interpretação de textos é pertinente para nossa compreensão dos processos de leitura, por duas razões:

a) aceitar a realidade dos processos de assimilação[1] implica também aceitar que aprendizagem alguma começa do zero; o estudo pormenorizado do que a criança traz consigo — sua bagagem de esquemas interpretativos — antes de *iniciar* o processo de escolarização é essencial — dentro desta perspectiva — para saber sobre que bases será possível estimar que tal ou qual informação (apresentada desta ou daquela maneira) será fácil, difícil ou impossível de ser assimilada pela criança;

b) consideramos a caracterização do processo de leitura como um processo no qual, para obter significado, o leitor recorre

---

* Traduzido por Marisa do Nascimento Paro.

1. Como se sabe, a noção de assimilação é central na teoria de Piaget.

a fontes de informação visuais e não visuais.[2] A informação visual foi caracterizada principalmente como a informação gráfica disponível (as próprias letras, seus agrupamentos, a disposição espacial do material gráfico, os sinais de pontuação etc). A informação não visual foi caracterizada sobretudo como o conhecimento da língua que o leitor possui, assim como o conhecimento dos temas envolvidos. Porém, tanto a informação visual quanto a não visual têm sido caracterizadas a partir da perspectiva do leitor adulto; investigações minuciosas são necessárias a fim de saber qual é a informação visual que uma criança pode processar *antes de ser* um leitor (no sentido convencional do termo) e qual é a informação não visual que essa mesma criança está em condições de utilizar. Dentro da informação não visual, incluímos as ideias que as crianças têm acerca do "escrevível" (o que pode estar escrito) e que fazem parte das conceptualizações infantis sobre a escrita. De outro lado, a informação visual não pode ser equiparada ao "dado perceptivo"; para poder ser utilizada, a informação visual deve ser interpretada e essa interpretação depende dos esquemas interpretativos disponíveis.

Finalmente, o ato de leitura não pode ser concebido como uma adição de informações (informação visual + informação não visual). O ato de leitura deve ser concebido como um processo de *coordenação* de informações de procedência diversificada com todos os aspectos inferenciais que isso supõe, e cujo objetivo final é a obtenção de significado expresso linguisticamente.

Certamente, esses processos de coordenação têm uma história e é preciso recapitularmos essa história para compreendermos a forma final dos referidos processos.

Neste trabalho, vamos limitar-nos a alguns dos importantes desenvolvimentos na interpretação da escrita, que ocorrem não

---

2. Posição defendida e difundida por autores como F. Smith e K. e Y. Goodman.

apenas em crianças que ainda não sabem ler, mas também em crianças que não têm conhecimento algum sobre o valor sonoro convencional de letras específicas. Mostraremos que estas crianças poderiam ser, todavia, sensíveis a algumas propriedades de textos escritos que não têm nada em comum com correspondências letras-sons: as propriedades quantitativas (definidas a seguir). Com este propósito, vamos citar os resultados de duas pesquisas longitudinais: uma, feita com crianças em idade pré-escolar (de 3 a 6 anos de idade); outra, feita com crianças que já frequentavam a escola primária (de 6 a 7 anos de idade). Os dois projetos de pesquisa envolveram muitos aspectos inter-relacionados do desenvolvimento de alfabetização, mas apresentamos aqui apenas os dados relevantes para o propósito deste estudo.

A expressão "interpretação da escrita" será utilizada em um sentido amplo, para indicar todas as atividades de atribuição de significado a um determinado texto escrito. Por "escrita" ou "texto escrito" entenderemos aqui qualquer série de letras que não seja produto de atividades infantis. Estes textos escritos são, em certo sentido, parte do "material público escrito" (em oposição a "material pessoal escrito", onde o intérprete tem um certo conhecimento do autor do texto escrito).

Uma das primeiras ideias que as crianças elaboram em relação ao significado de uma sequência de letras é a seguinte: as letras representam o nome dos objetos.[3] Santiago, um menino de 3 anos pertencente à classe média, a mais jovem das crianças que acompanhamos longitudinalmente, foi quem fez explicitamente esta afirmação. Enquanto olhava um novo carrinho de brinquedo, descobriu as letras impressas no objeto e, apontando para estas letras, disse: "Aqui estão as letras. Elas dizem o que é" (*Aquí hay letras. Dicen lo que es*). O texto escrito na verdade dizia MÉXICO, mas Santiago achou que

---

3. Este é o caso quando as letras começam a ser consideradas como objetos substitutos, quando a pergunta "o que isto diz" — referindo-se a uma sequência de letras — começa a ser considerada como uma pergunta "real", ou seja, como uma pergunta significativa. O que acontece antes deste período foi relatado em outro lugar (Ferreiro, 1984).

estava escrito "carro".[4] De modo semelhante, as crianças acham que as letras impressas em uma lata de leite dizem "leite"; que as letras em um relógio dizem "relógio", e assim por diante. O significado de um texto escrito é, portanto, inteiramente dependente do contexto. Se o contexto for um livro com figuras, imagina-se que as letras "digam" o nome dos objetos ilustrados. A proximidade espacial entre a escrita e as gravuras é a informação relevante que as crianças procuram para descobrir qual dos textos escritos poderia "dizer" o nome de cada objeto ilustrado.

As crianças que falam espanhol expressam a diferença entre a interpretação do texto impresso através de uma sutil oposição linguística; a expressão "isto é um x" é utilizada em referência a uma figura; a expressão "ele diz x" é utilizada em referência ao texto escrito correspondente. Assim, utilizam o artigo indefinido para se referirem a uma figura, ao passo que mantêm o substantivo sem artigo para se referirem ao texto escrito.

As crianças elaboram uma importante distinção que precisa ser mantida em mente: "o que está realmente escrito" em um texto não é considerado "o que pode ser lido" no mesmo texto escrito (Ferreiro, 1978; Ferreiro e Teberosky, 1979, Cap. IV). Por exemplo, se a figura representar um pato na água e o texto mais próximo for *El pato nada* (o pato nada), as crianças com idade por volta dos 4 ou 5 anos, em geral, acham que pode estar escrito "pato" e "água" (ou "lago"), mas que podemos ler "o pato está nadando", "o pato está na água", "o pato está nadando na água", "o pato entra na água", ou qualquer outra afirmação compatível com o contexto (Ferreiro e Teberosky, 1979, Cap. III).

Geralmente, crianças de classe média com as idades mencionadas acima têm um certo conhecimento sobre as funções sociais da escrita.

---

4. Outros autores relatam dados semelhantes (por exemplo, Snow, 1983, p. 176), mas não chegam às mesmas conclusões. Nossos dados comparativos demonstram que esta ideia (de que a escrita serve principalmente para escrever os nomes dos objetos) não é consequência imediata de contato com materiais impressos (tais como pastas de dente ou caixas de cereais). Tanto crianças faveladas, cujos pais são analfabetos, quanto crianças de classe média elaboram a mesma ideia inicial sobre a escrita.

Elas sabem, por exemplo, que alguns sinais de rua são "para os carros pararem". Todavia, embora as crianças possam ter um certo conhecimento de algumas das funções da escrita, e sobre para que servem estes textos escritos, isto não significa que elas achem que as afirmações verbais de qualquer tipo sejam escritas.

> Por exemplo, Abraham (de 4 anos e 7 meses) sabe o que é uma caixa de remédios e acha que as letras na caixa servem "para que conheçamos o remédio", mas quando lhe perguntamos o que o texto diz, responde: "ele diz pílulas".

Se o conhecimento das funções sociais não evita que as crianças mantenham a ideia de que o que se escreve são os nomes, a ausência de conhecimento sobre a função social também é compatível com a mesma ideia:

> Por exemplo, a mesma criança — Abraham — no mesmo dia nos explica que os selos em um envelope servem "para saber que aquilo é um envelope"; nas letras impressas nos selos está escrito apenas "envelope".

As primeiras interpretações dependem portanto de duas condições: uma externa (o contexto) e outra interna (ideia das crianças de que os nomes são o que realmente é escrito). Durante um longo período esta ideia — de agora em diante referida como "a hipótese do nome" — continuará sem alterações, mas, no mesmo período, as relações entre o contexto e o texto escrito passam pelas seguintes etapas:

1) O significado de um determinado texto escrito (T) depende inteiramente do contexto (C). Se mudarmos o C, a interpretação do T também mudará. Se o C não puder ser interpretado, T também não terá interpretação alguma.

2) Se for estabelecida uma relação inicial entre C e T, T manterá a mesma interpretação a despeito de mudanças de C (durante um determinado intervalo de tempo t).

3) As propriedades de T são levadas em consideração. A interpretação de T ainda é dependente de C, mas as propriedades de T modulam a interpretação que é dada.

Vamos apresentar alguns exemplos do que foi dito, exemplos estes tirados de um estudo longitudinal de 33 crianças de língua espanhola acompanhadas durante um período de dois anos.[5]

Uma das situações que nos ajudaram a compreender a transição da etapa 1 para a etapa 2 foi a seguinte: trouxemos um conjunto de cartões ilustrados e um conjunto de cartões com sequências de letras (textos escritos). A tarefa era encontrar uma possível correspondência entre a escrita e as figuras, mas esta tarefa podia ser executada com muitas variações, dependendo da maneira pela qual as crianças estruturassem a situação. Por exemplo, podemos apresentar duas figuras do mesmo objeto a fim de ver se a criança procura textos semelhantes para ambas; podemos apresentar uma figura e pedir à criança que procure um texto adequado a ela ou podemos apresentar um cartão escrito, sendo que a tarefa da criança passa a ser a de procurar a figura que "combine" com ele; podemos ter textos escritos curtos ou longos, objetos ilustrados grandes ou pequenos, cartões onde está escrita apenas uma palavra ou uma sentença completa etc.

Como consequência da "hipótese do nome", podemos esperar que "combinar" com uma figura significa que o nome correspondente esteja escrito no texto. Uma vez que alguns textos tenham sido atribuídos a algumas das figuras e que todos eles tenham sido interpretados, procedemos da seguinte maneira: mudamos a posição es-

---

5. Observamos ou entrevistamos estas crianças a cada 2 meses ou a cada 2 meses e meio. Doze crianças tinham 3 anos quando entraram para a amostra; onze tinham 4 anos e dez tinham 5 naquela ocasião. Metade do grupo de crianças de 3 a 4 anos pertencia a famílias de classe média, cujos pais tinham cursos universitários e forneciam múltiplas oportunidades para que seus filhos interagissem com a escrita e participassem de eventos ligados à alfabetização. Metade do grupo das crianças de 3 a 4 anos e todas do grupo das de 5 anos pertenciam a favelas (na Cidade do México) e cresceram em condições totalmente diferentes. Esta pesquisa longitudinal foi patrocinada por uma subvenção conjunta das Fundações Ford e Spencer (Ford Foundation Project 78-203).

pacial de um dos cartões escritos, colocando-o perto de outra figura e perguntando, ao mesmo tempo, se "ele ainda diz" o nome do objeto ilustrado anteriormente ou se agora "ele diz" alguma outra coisa.

As crianças no nível 1 deixam evidente que o significado atribuído a T depende inteiramente de C: o significado de T muda tantas vezes quantas varia C. Por exemplo, se um determinado T tiver sido colocado em relação à imagem de uma girafa, "ele diz girafa", mas o mesmo texto escrito pode "dizer" outros nomes ("leão", "cavalo" etc., se o conjunto de cartões ilustrados for um conjunto de animais). O mesmo texto escrito pode "dizer" novamente "girafa", se for outra vez colocado nas proximidades daquela imagem. Se segurarmos o mesmo cartão entre os dedos, no ar, duas respostas são possíveis: ou o texto escrito agora pode "dizer" o nome do objeto mais próximo ("parede" ou "mão") ou "não diz nada", quando a mão é concebida como algo que segura e não como objeto.

As crianças no nível 2 negam, na mesma situação, que uma mudança de significado de T possa depender inteiramente de C. Todas elas também argumentam mais ou menos explicitamente à maneira destas duas crianças:

Areli (de 4 anos e 7 meses, pertencente à classe média) argumenta que o texto escrito atribuído a um leão não pode servir para outro animal "porque é do leão" (*porque es del león*); o texto escrito pertencente à girafa não pode servir para outro animal "porque diz girafa" (*porque dice jirafa*).

Víctor (de 5 anos e meio, favelado) argumenta que o cartão atribuído a uma espiga de milho não é adequado para o homem, porque se o colocarmos perto da figura de um homem "ele se chamará milho" (*se va a llamar el lote*).

Então, uma vez que um texto escrito tenha sido interpretado, mantém esta interpretação durante um determinado intervalo de tempo. Mesmo se este intervalo de tempo for relativamente curto, tal mudança é extremamente importante como o primeiro passo na conservação do significado. Já que estas crianças ainda não elaboraram critérios extrassituacionais para decidirem qual dos textos escritos é mais adequado do que outro para "dizer" tal e tal nome, se lhes pedirmos para colocarem novamente cada figura com o texto escrito correspondente, no dia seguinte ou até mesmo na mesma sessão, elas não conseguem encontrar a relação previamente estabelecida uma vez que todos os cartões tenham sido misturados.

A sequência relativa ao desenvolvimento, já mencionada, confirmou-se com todas as crianças estudadas longitudinalmente: aquelas que demonstraram o comportamento típico do nível 1 fizeram progressos rumo ao nível 2; nenhuma das que demonstraram o comportamento típico do nível 2 quando começamos a nossa pesquisa fez alguma regressão rumo ao nível 1. A mudança entre estes níveis foi bastante rápida em algumas crianças, ao passo que em outras conseguimos observar respostas de natureza intermediária: na mesma entrevista, algumas vezes elas aceitam que um determinado T muda de significado quando C também muda; algumas vezes mantêm a mesma interpretação de T; outras vezes hesitam, sem conseguirem tomar uma decisão.

O nível 3 se caracteriza pela possibilidade de começar a se levar em consideração algumas das propriedades do próprio texto, propriedades estas que conduzem a modulações de interpretação. Esta interpretação é — conforme o foram os dois níveis precedentes — elaborada com base na hipótese do nome e na análise do contexto. A única, mas muito importante, restrição introduzida agora diz respeito ao fato de algumas das propriedades da escrita serem utilizadas para modular a interpretação dada. As primeiras propriedades da escrita que são levadas em consideração e que são utilizadas para se introduzir algumas restrições à interpretação dada são as *quantitativas*: quantidade de linhas, quantidade de segmentos escritos, quantidade de letras dentro de um segmento.[6]

---

6. Não podemos dizer "número de..." porque as crianças não estabelecem nenhuma avaliação numérica neste nível. É apenas uma avaliação que poderia ser expressa através de termos tais como: "suficiente", "insuficiente", "alguns", "muitos" etc.

Vejamos o seguinte exemplo: Gabriel, aos 4 anos e 1 mês, manifesta as condutas típicas do nível 1, mas 6 meses depois demonstra conservar a interpretação atribuída (nível 2) e começar a prestar atenção às propriedades quantitativas do texto (nível 3). Quando Gabriel estava com 4 anos e 1 mês, várias vezes já tinha participado conosco de atividades do tipo escrever cartelas que "combinem" com certos desenhos. Desta vez mostramos-lhe figuras de animais (apresentamos grandes excertos das entrevistas a fim de exemplificar o procedimento seguido).

Experimentador	**Gabriel (4;1)**
(Mostra a figura de um macaco) Que posso pôr neste?	Macaco
(Escreve MACACO) Que diz?	Ma-ca-co
Posso pôr este aqui?	Você apaga e depois põe leão.
(texto... debaixo da figura de leão)	Põe leão do outro lado.
Este mesmo não serve para leão?	Serve sim, porque olha... (Vira a carteira e mostra que não há texto do outro lado.)
Faço outra?	(Faz que sim.)
(Toma outra cartela em branco.)	
Que ponho aqui?	Macaco — Quer dizer, macaco não... Deixe eu pensar... Elefante é este (pega a figura de elefante).
Então ponho elefante (Escreve ELEFANTE). E se puser aqui (com a figura do leão) diz elefante?	Aí diz leão.
E se ponho aqui? (com a figura da girafa.)	Diz girafa.

Então posso usar a mesma e [ela] vai mudando?	Sim
Onde ponho esta (cartela com texto ELEFANTE).	Onde você quiser.
Vamos ver, se puser aqui (debaixo da figura do elefante) diz elefante...	Sim.
E se puser aqui? (no chão).	Nada.
E se puser aqui? (debaixo da figura da girafa).	Girafa.

Vejamos o que ocorre seis meses depois. Gabriel (agora com 4 anos e 7 meses) está explorando um conjunto de cartas de baralho, sendo que cada uma tem uma figura acompanhada de um pequeno texto. Todos os textos escritos têm pelo menos 5 e não mais do que 9 letras numa única sequência. Em todos os casos, Gabriel acha que os nomes dos objetos ilustrados estão escritos em cada uma das cartas de baralho. A única exceção é justamente a que é relevante para comparar com seu comportamento anterior.

Experimentador	Gabriel (4;7)
O que é isto? (apontando para uma figura).	Um índio.
O que deve estar dizendo aqui? (está escrito ÍNDIO na mesma carta de baralho).	Índio.
O que é isto? (apontando para outra figura).	Uma mulher.
O que deve estar dizendo aqui? (está escrito cigana na mesma carta de baralho).	Mulher.
E quanto a esta? (outra figura).	Um homem.
O que está dizendo aqui? (está escrito GAÚCHO na carta de baralho).	Um homem com um violão.
Está dizendo isto?	Mas também poderia apenas dizer um homem.

O que você acha: um homem com um violão ou apenas um homem?	Oh, tem apenas algumas letras, então um homem.
O que é isto? (outra figura).	Uma mulher.
O que podemos ler aqui? (está escrito BAILARINA na mesma carta de baralho).	Diz mulher.
Veja, esta daqui não tem nada escrito (figura de um carteiro). O que posso pôr nela?	O mesmo que a figura.
Não posso pôr alguma outra coisa?	Não. Você pode pôr o carteiro.
Então, o que eu deveria escrever?	Carteiro. (pega a figura de uma menina segurando uma cesta de flores). Nesta daqui, você pode pôr uma menina com uma flor e uma cesta.
Preciso de uma porção de letras ou de apenas algumas para escrever isto?	Para escrever isto, uma porção.
O que posso pôr com apenas algumas?	Menina.
Não quero escrever outro cartão: o que você acha de colocarmos este aqui? (pega o texto CARTEIRO e o coloca abaixo da figura da menina).	(Ele ri). Ele diz carteiro.
Ele não diz menina se o colocarmos aqui?	Oh, não! (achando tal proposta ridícula)

O contraste entre as duas entrevistas de Gabriel é ilustrativo das mudanças evolutivas que estamos considerando. Aos 4 anos e 7 meses, Gabriel acha absurdo o que lhe parecia normal seis meses antes. Embora aos 4;1 Gabriel ache que a cartela com o texto ELEFANTE possa dizer "leão", "girafa" ou "nada", conforme o contexto (isto é, a interpretação de T depende de C), há alguns momentos de dúvida, como o momento inicial, quando não está muito disposto a pôr o texto MACACO com a figura do leão (e outros momentos da mesma entrevista, que seria muito extenso comentar). Esses momentos de dúvida — por breves que sejam — são muito importantes porque indicam que algo começa a mudar na maneira como a criança conceptualiza a relação entre texto (T) e contexto (C).

Vejamos outro exemplo de consideração das propriedades quantitativas do texto, sem renunciar à hipótese de que somente os nomes estão escritos. Ana Teresa (5;3) procura interpretar um texto de três segmentos que acompanha a imagem de uma cena com vários personagens. O texto é *as galinhas comem*, e Ana Teresa pensa que está escrito "gato, galinha, menino" (um nome para cada um dos segmentos, na ordem da esquerda para a direita; trata-se, por hipótese, de três nomes de personagens representados na figura). Quando, porém, no mesmo dia, a mesma menina procura interpretar outro texto de três segmentos que acompanha uma figura com um único personagem, suas dificuldades se tornam manifestas. A figura é de um pato n'água. O texto é *o pato nada*. Ana Teresa começa tentando uma silabação do nome "pato", a fim de ajustar-se às segmentações do texto: atribui a primeira sílaba ("pa") ao primeiro segmento do texto (*o*) e a segunda sílaba ("to") ao resto do texto (*pato nada*). Esta solução não a satisfaz porque deve atribuir uma única sílaba a dois segmentos. Tenta então outra solução: atribui o nome "pato" a um dos segmentos maiores (*nada*), pensa que diz "água" no outro segmento de quatro letras (*pato*) e, como não lhe ocorre mais nada porque não há outros elementos na figura, atribui o nome "cores" ao segmento restante (*o*).

A possibilidade de se considerar as propriedades quantitativas da escrita, para adaptarmos a interpretação dada, precede regularmente, na evolução, a possibilidade de se levar em consideração as propriedades qualitativas. Exceto em casos excepcionais (um dos quais está relatado em Ferreiro, 1985b), isto ocorre não apenas para crianças em idade pré-escolar, mas também para crianças que começam a frequentar a escola primária.

Estudamos uma amostra de 950 crianças que foram acompanhadas a cada 2 meses e meio durante o primeiro ano escolar (Ferreiro e outros 1982). A amostragem foi probabilística, mas feita em distritos escolares não escolhidos ao acaso. Na verdade, selecionamos distritos escolares de três cidades principais do México[7] onde tinham sido registradas elevadas porcentagens de reprovação (no final do primeiro ano letivo) durante os cinco anos anteriores. Os distritos escolares deste tipo recebem crianças pertencentes, na maior parte, a grupos de população de baixa renda, conforme geralmente ocorre em todos os países da América Latina. A grande maioria destas crianças não tinha conhecimento algum sobre o valor sonoro convencional das letras, quando começaram a frequentar a escola.[8] Todavia, muitas delas eram sensíveis às propriedades quantitativas dos textos escritos que lhes apresentávamos, quando perguntávamos a cada uma individualmente: o que você acha que está escrito aqui? O que o texto diz?

Os textos escritos eram compostos tanto de apenas uma sequência de letras (na verdade, um substantivo) quanto de quatro a seis sequências de letras (uma sentença). Eram sempre apresentados em um cartão, embaixo de uma figura que poderia apresentar o desenho de um ou de muitos objetos. Estudamos sistematicamente, portanto, quatro tipos de relações entre a figura e o texto (sendo que cada um deles será mencionado como "situação"):

a) um objeto na gravura, um segmento escrito no texto;

b) muitos objetos na gravura, muitos segmentos escritos no texto;

c) um objeto na gravura, muitos segmentos escritos no texto;

d) muitos objetos na gravura, um segmento escrito no texto.

De acordo com a "hipótese do nome" das crianças, as situações *a* e *b* não geram conflito algum. Na situação *a* está tudo claro: há apenas um objeto representado e apenas uma sequência de letras; assim sendo, o nome do objeto está escrito no texto. Na situação *b*

---

7. Cidade do México, Monterrey e Mérida. Foi realizado como um projeto de pesquisa em colaboração com o Ministério da Educação (Diretoria-Geral de Educação Especial).

8. Todas elas tinham pelo menos 6 anos e 2 meses e não mais do que 6 anos e 10 meses de idade no início do ano escolar.

ainda é possível se encontrar uma solução confortável: devido ao fato de haver muitos segmentos no texto, muitos nomes poderiam ser escritos, tantos quantos os objetos encontrados na gravura, ou tantos quantos segmentos que estão no texto com algumas restrições, que examinaremos a seguir.

Ao contrário, as situações *c* e *d* são extremamente conflitantes. Ao levarmos a figura em consideração, é necessário apenas uma sequência de letras na situação *c*, ao passo que na verdade são apresentados vários segmentos escritos. A situação *d* é justamente o caso oposto. Enquanto as crianças tentam manter a "hipótese do nome", conseguem, com vários graus de sucesso, encontrar uma solução momentânea.

Antes de prosseguirmos com os exemplos, vejamos a distribuição das respostas obtidas, conforme se demonstra na Tabela 1.

Tabela 1

Tipos de situação		X	Y	Z	
1ª entrevista	b	43%	56%	1%	N = 936
	c	70%	28%	1%	N = 948
2ª entrevista	b	56%	29%	15%	N = 917
	c	68%	15%	16%	N = 917
3ª entrevista	b	15%	34%	51%	N = 907
	c	34%	13%	52%	N = 907
4ª entrevista	b	12%	19%	69%	N = 886
	c	20%	9%	71%	N = 885

Tipos de respostas

TIPOS DE RESPOSTAS:

X = respostas que não consideram nenhuma das propriedades do texto escrito.

Y = respostas que consideram as propriedades *quantitativas* do texto escrito (ou seja, quantidade de segmentos e — eventualmente — quantidade de letras em cada segmento).

Z = respostas que consideram as propriedades *qualitativas* do texto escrito (ou seja, as letras pertencentes a tal ou tal nome).

Conforme se demonstra na Tabela 1, as respostas do tipo Z apresentam as mesmas porcentagens para as duas situações durante todas as entrevistas; o incremento nas porcentagens da primeira para a quarta entrevista evidencia o número crescente de crianças que começam a compreender o valor convencional sonoro das letras (extremamente baixo no início do ano — 1ª entrevista — e por volta dos 70% no final do ano — 4ª entrevista).

As respostas do tipo Y não estão distribuídas da mesma maneira: a situação *b* sempre apresenta maiores porcentagens de respostas Y do que a situação *c*. Ocorre exatamente o oposto com respostas do tipo X, que sempre apresentam porcentagens mais elevadas na situação *c* do que na situação *b*. Observadas conjuntamente, estas duas distribuições expressam o mesmo fenômeno. É mais fácil para as crianças considerarem as propriedades quantitativas do texto quando o contexto as conduz à suposição de que estão escritos muitos nomes, e quando encontram muitos segmentos no texto escrito. Se o contexto as conduzir à suposição de que está escrito apenas um nome, elas não conseguem encontrar uma boa solução para a situação *c* e fingem ignorar as propriedades quantitativas com que conseguem lidar em outras situações.

Os seguintes exemplos ajudar-nos-ão a compreender o significado das respostas Y nas duas situações opostas que consideraremos agora. Como fizemos quatro entrevistas sucessivas com as mesmas crianças, fomos obrigados a mudar as gravuras e os textos de uma entrevista para outra, a fim de evitar a repetição das respostas anteriores. Todavia, mantivemos constantes os parâmetros que definiam cada uma de nossas situações.

Uma das situações *b* apresenta uma figura com alguns animais (uma borboleta, três peixes, um pássaro e um pato) nas proximidades ou dentro d'água e cercados por plantas; o texto escrito era *los animales están en el río* (os animais estão no rio). Estas são quatro das interpretações de Y:[9]

---

9. *Mariposa* = borboleta; *pescado* = peixe; *pato* = pato, *pájaro* = pássaro; *pajarito* = passarinho; *plantas* = plantas; *flores* = flores; *también* = também.

TEXTO:	LOS	ANIMALES	ESTÁN	EN	EL	RÍO
Int. 1:	patos	mariposa	pescado	também pescado	também pescado	pajarito
Int. 2:	mariposa	pescado	pájaro	plantas	flores	pato
Int. 3:	mariposa	pájaro	pato	pes-	ca-	do
Int. 4:	mariposa	pajarito	pescado	un	pa-	to

Estas quatro interpretações são equivalentes, já que todas têm uma suposição comum: a de que há tantos nomes escritos quantos forem os objetos na figura, e tantos nomes escritos quantos forem os segmentos no texto. Entretanto, existem algumas diferenças importantes. A interpretação 1 repete o mesmo substantivo (peixe) em relação a três diferentes sequências de letras (porque três peixes eram visíveis na gravura). A interpretação 2 evita esta dificuldade. As interpretações 3 e 4 são soluções ainda melhores, porque ambas conseguem integrar as duas dimensões das propriedades quantitativas: quantidade de segmentos e quantidade de letras em cada um. Na verdade, um dos primeiros critérios formais elaborados por crianças para se decidirem sobre o fato de o texto ter ou não aquilo que é necessário para que seja "interpretável" tem a ver com a quantidade de letras que ele apresenta (vide Ferreiro e Teberosky, 1979). Em geral, crianças que falam espanhol acham que são necessárias pelo menos três letras para se escrever um nome. O texto do qual estão se ocupando apresenta, no final, dois segmentos extremamente curtos (*en el*), e as interpretações 3 e 4 ligam-nos ao segmento seguinte. Já que duas letras não são suficientes "para dizer" um nome completo, estes segmentos curtos podem apenas dizer parte de um nome (uma parte silábica). Tanto "pes-ca-do" quanto "un-pa-to" são, portanto, excelentes soluções para aquela parte do texto escrito, o tipo mais elaborado de respostas Y que podemos encontrar para a situação *b*.[10]

---

10. É importante salientar que, na interpretação 4, a introdução do artigo indefinido *un* tem a função de tornar o substantivo mais longo (ou seja, de acrescentar outra sílaba). Ela não

Uma das situações *c* apresenta a figura de uma fruta (uma manga) além do texto escrito *el mango está maduro* (a manga está madura). Estas são algumas das interpretações típicas de Y.[11]

Estas oito interpretações são suficientes para se avaliar as dificuldades que as crianças enfrentam para interpretar situações do tipo *c*. Vejamos cada uma delas.

TEXTO:	EL	MANGO	ESTÁ	MADURO
Int. 1:	*mango*	*mango*	*mango*	*mango*
Int. 2:	*man-*	*go*	*mango*	*mango*
Int. 3:	Ø	*man-*	*go*	Ø
Int. 4:	*man* ....*go*			
	man .... *go*			
Int. 5:	*un*	*man*	*go*	
Int. 6:	*guayaba*	*mango*	*sandía*	*melón*
Int. 7:		*man*	*/g/*	*/o/*
Int. 8:	*man-*	*go*		
	man-	*/g/*	*-go*	
	man-	*/g/*	*-go*	*dulce*

A suposição por trás da interpretação 1 é a seguinte: já que há apenas um objeto na figura, é necessário apenas um grupo de letras, mas já que encontramos na verdade quatro segmentos escritos, então talvez o mesmo nome seja repetido quatro vezes. Assim sendo, a interpretação 1 tem a vantagem de considerar as propriedades quantitativas do texto (tantos nomes escritos quantos forem os segmentos escritos no texto), mas não consegue levar em conta o nível mais

---

pode ser considerada como uma resposta primitiva. Este é apenas um dos inúmeros casos em que devemos ir além da resposta observada (ou seja, em que precisamos interpretar a fim de fazermos uma avaliação). Respostas observadas semelhantes podem obedecer a diferentes razões, em diferentes momentos da evolução.

11. *Guayaba, sandía, melón* = todos nomes de frutas (goiaba, melancia, melão). *Dulce* = doce.

elementar de propriedades qualitativas (porque "diz" o mesmo nome em diferentes sequências de letras).

A interpretação 2 começa com a divisão silábica da palavra; com este procedimento a criança enfrenta apenas dois dos segmentos escritos. No restante do texto a criança se comporta como o autor da interpretação 1. A interpretação 3 começa de maneira semelhante à da interpretação 1, mas prefere deixar dois segmentos sem interpretação em vez de repetir o mesmo nome em relação a diferentes sequências de letras.

A interpretação 4 também faz uma segmentação silábica de um nome, mas procura incluir a totalidade do texto em um tipo de gesto "mágico", pulando segmentos em vez de interpretá-los (a linha pontilhada representa um salto).

A interpretação 5 tenta tornar o nome mais longo, acrescentando um artigo e depois uma sílaba extra. Três sílabas são melhores do que duas, mas ainda são insuficientes para se lidar com quatro segmentos escritos; então, o autor desta interpretação é obrigado a unir os dois últimos segmentos, tratando-os como se fossem apenas um, para colocá-los em correspondência com a última sílaba (a linha contínua e as setas evidenciam uma indicação contínua por parte das crianças).[12]

A interpretação 6 é completamente diferente: considera tanto as segmentações do texto quanto as diferenças qualitativas entre os segmentos, mas a criança não consegue evitar a introdução de outros nomes que não se relacionam diretamente à figura como consequência. A suposição subjacente é a seguinte: a palavra *mango* deve ser escrita apenas com um segmento; então, talvez haja nos outros segmentos outros nomes escritos que são, de uma maneira ou de outra, relacionados a ela; já que *mango* é uma fruta, talvez os outros nomes escritos também sejam nomes de frutas.

As interpretações 7 e 8 começam com uma divisão silábica do nome, mas estas crianças compreendem que devem ir "além da sílaba" para obterem mais partes de uma palavra dissílaba. A criança que elabora a interpretação 8 descobre de repente que, ao acrescentar uma

---

12. Ao lerem, as crianças acompanham as sílabas das palavras com o dedo indicador.

qualificação para o nome, pode obter outra palavra que pode ser atribuída à última parte do texto.

Está claro que nenhuma destas crianças está lendo no sentido convencional da palavra. Também está claro que um texto fragmentado não conduz, por si só, as crianças a pensarem que o que está escrito é uma sentença. Apesar de todas as dificuldades que enfrentam para interpretar os diferentes segmentos escritos, todas elas mantêm firmemente a "hipótese do nome" (expressões nominais como *mango dulce* são muito menos frequentes do que nomes sem modificadores).

Finalmente, salientemos que as respostas Z incluem não apenas a leitura convencional ou a sonorização das letras, mas também quaisquer letras específicas que justifiquem uma determinada interpretação. Por exemplo, uma criança pode dizer que está escrito "mango" na sequência *mango*, sem considerar todas as letras da sequência, mas apenas a inicial *m* e, talvez, o *o* final. Nestes casos específicos, é proveitoso ter-se outros segmentos escritos que compartilhem letras na mesma posição (*mango* e *maduro*, em nosso exemplo). Devemos chamar a atenção das crianças para estas semelhanças a fim de avaliarmos se elas conseguem ou não procurar informações qualitativas adicionais além da maneira de elas conseguirem utilizá-las.

Vejamos um exemplo. Rodrigo (5 anos e 1 mês) é capaz de considerar a primeira letra de um texto para antecipar um nome que começa efetivamente com essa letra. Ele está procurando os nomes escritos de uma série de animais. Pensa que o texto *guajolote* (peru) "diz gato"; que no texto *enano* (anão) "diz elefante" e que no texto *leopardo* (leopardo) "diz leão". Em outro momento da mesma entrevista está buscando um texto que possa dizer "galinha". Encontra uma cartela com o texto *gato* e diz: "Ah! sim, com o /g/, galinha... mas acaba com a...". Rejeita então esse texto, porque embora a primeira letra coincida com a buscada, a última não coincide.

A importância de se prestar atenção a propriedades quantitativas — lado a lado com as qualitativas — é aparente em todos os aspectos do desenvolvimento das conceptualizações sobre a escrita que temos estudado. Não estamos tratando aqui da evolução referente à consideração das propriedades qualitativas de textos escritos. Entretanto, vale a pena mencionar que o fato de se requerer uma certa diferença objetiva entre duas sequências de letras para que se "leia" diferentes nomes constitui uma grande realização.[13] As crianças geralmente respeitam esta exigência em suas próprias produções escritas antes de conseguirem aplicar a mesma exigência para a interpretação da escrita ambiental. A fim de criarem uma diferença em suas próprias produções escritas, as crianças trabalham alternativamente nas duas direções — qualitativa e quantitativa —, fazendo tentativas de coordená-las (Ferreiro, 1985b). Ou seja, a fim de diferenciarem uma palavra escrita de outras já escritas, as crianças podem acrescentar letras, substituir uma ou mais delas, mudar a posição das mesmas letras na sequência, ou fazer qualquer combinação mencionada acima.

O interesse das respostas Y não deve ser subestimado. Na verdade:

a) Apesar de seu aparente caráter "primitivo", elas são mais avançadas do que as respostas do tipo X, que expressam a ideia de que se pode escrever um único nome com algumas ou com uma porção de letras, em uma sequência escrita ou em um grupo de sequências.

b) O fato de se levar em consideração as propriedades quantitativas do texto antes das qualitativas não pode ser considerado consequência de qualquer prática escolar, porque todas as metodologias de ensino atualmente em uso concentram-se exclusivamente nas propriedades qualitativas.

c) As crianças que consideram as propriedades quantitativas do texto (resposta Y) utilizam um esquema lógico de natureza muito geral: a correspondência biunívoca. Buscam uma correspondência um a um entre palavras (ou fragmentos silábicos das palavras) e segmentos escritos.

A consequência mais geral que podemos tirar de tudo o que precede é a seguinte: a lógica não é estranha à compreensão da escrita.

---

13. Na verdade, este é o início do segundo período desta psicogênese que ocorre antes do período de fonetização (Ferreiro, 1985a).

Isto é perfeitamente coerente com a teoria piagetiana,[14] já que nela os esquemas lógicos aparecem exatamente como os instrumentos de "leitura" e de estruturação da experiência.

Encontramos a correspondência termo a termo no processo de elaboração da hipótese silábica e tornamos a encontrá-la quando as crianças procuram dar uma "razão" (ou seja, uma interpretação racional) para as narrações quantitativas que encontram nos textos. Em um dos casos (hipótese silábica) situamo-nos ao nível da relação entre as partes-letras e a totalidade (a palavra); aqui, situamo-nos ao nível dos "grupos" de letras, como parte de um texto que pode conter vários grupos de letras (um texto dividido em vários segmentos).

Em nossa interpretação (demasiado complexa para ser desenvolvida em poucas linhas) não se trata da *aplicação* pura e simples de uma estrutura já constituída (a correspondência biunívoca) a outros domínios. Trata-se dos desafios que o real (a escrita já constituída, no caso) impõe ao sujeito em desenvolvimento e dos instrumentos que ele constrói para apropriar-se, para fazer sua, para dominar conceitualmente esta realidade. Em alguns casos, este sujeito poderá descobrir um novo campo de aplicação para estruturas já construídas; em outros casos, deverá construir esses instrumentos (sem ter consciência imediata — por hipótese — da grande generalidade das estruturas em via de constituição).

Se considerarmos seriamente tudo isto, poderemos repensar sobre novas bases todo o currículo da 1ª série do 1º grau. Já não se trata de pensar que "a lógica = matemática" e que "técnica = língua escrita". Se as mesmas estruturas lógicas que intervêm no campo das noções matemáticas elementares aparecem *também* na compreensão da língua escrita, uma tal divisão dos conteúdos escolares não poderá continuar sendo mantida. Cremos que chegou o momento de refletirmos seriamente sobre isto.

---

14. Diríamos, inclusive, que era previsível, embora a dificuldade residisse exatamente em tornar manifesta a especificidade dos problemas lógicos envolvidos, o que supõe investigação empírica e não mera dedução.

A representação escrita da pluralidade, ausência e falsidade*

Tradicionalmente, o processo de aquisição do sistema alfabético de escrita tem sido considerado como a aprendizagem de um código de transcrição (de sons em grafemas). Por sua vez, esta aprendizagem era concebida segundo os modelos associacionistas clássicos. Os processos psicológicos envolvidos eram de índole periférica: discriminação visual e auditiva, coordenações sensoriais e motoras etc.

Há poucos anos apenas é que nossa visão do processo de aquisição do sistema de escrita mudou de forma radical. Inicialmente através de uma reconsideração do processo de leitura e da atividade do leitor, que fez passar para primeiro plano fatores tais como a antecipação significativa e o conhecimento linguístico que o leitor traz para a tarefa. Logo, paulatinamente, foram se acumulando evidências que assinalam a importância das experiências de interpretação e de produção de textos realizadas pelas crianças, muito antes de seu ingresso numa instituição escolar. As produções escritas das crianças — que antes eram consideradas meras garatujas — adquiriram um novo significado. Agora sabemos interpretá-las como escritas verda-

* *La representación escrita de la pluralidad, la ausencia y la falsedad* é uma ampliação do trabalho apresentado, a convite, no X Congresso Mundial de Sociologia, Seção de Sociolinguística, México, agosto de 1982. Traduzido por Sara Cunha Lima.

deiras que não se assentam nos princípios básicos do sistema alfabético, mas às quais não falta uma sistematização. São escritas que se
baseiam em outros princípios. As crianças podem usar letras como
as nossas, e escrever "em outro sistema", assim como, no início da
aquisição da linguagem oral, podem utilizar palavras da linguagem
ambiente, mas com diferentes regras de combinação.

Só recentemente podemos dizer que estamos aprendendo a ler
(no sentido de interpretar) as primeiras escritas infantis, aquelas que
não estabelecem princípio algum de correspondência entre as grafias
utilizadas e a pauta sonora das palavras que se quer escrever. Essas
escritas são muito difíceis de interpretar porque exigem, do adulto,
um verdadeiro esforço cognitivo: não é fácil resistir à tentação de
qualificar de "desviantes", "desorganizadas" ou "irrelevantes" as
respostas que se afastam dos modos de organização considerados
como "normais", precisamente por serem os nossos. É muito difícil
— aqui como em outros campos — deixar de considerar o nosso
ponto de vista sobre a realidade como o único legítimo, e procurar
adotar o ponto de vista dos sujeitos. Isto é difícil nos estudos trans-
culturais e também é difícil quando buscamos compreender o desenvolvimento infantil. Assim como "os outros" povos são facilmente
tratados como "primitivos" ou "subdesenvolvidos", também as
crianças são facilmente tratadas como primitivas ou subdesenvolvidas,
quando se utiliza o adulto como único parâmetro de comparação e,
portanto, como ponto final do processo de desenvolvimento.

Vou procurar exemplificar as modificações em nossa maneira de
considerar o desenvolvimento da escrita, através de um problema
particular, mas com claras conotações sociolinguísticas: *a representação
por escrito da pluralidade e da ausência*.

Para compreender o interesse deste problema é preciso fazer
algumas considerações prévias.

Os resultados de pesquisas anteriores (Ferreiro, 1978; Ferreiro e
Teberosky, 1979, Cap. IV) permitiram-nos estabelecer que, no decorrer do desenvolvimento das conceptualizações infantis sobre a escrita, há um longo e complexo processo caracterizado pela distinção
entre "o que está escrito" e "o que se pode ler", distinção que é

muito estranha para o pensamento de um adulto alfabetizado. Esta distinção aparece de forma mais evidente quando pedimos às crianças que interpretem os fragmentos de uma oração escrita, a partir de uma leitura prévia feita pelo adulto. Se as crianças trabalhassem a partir de uma das suposições básicas do nosso tipo de escrita convencional (que todas as palavras enunciadas estão escritas, e que a ordem de escrita corresponde à ordem de emissão), poderiam encontrar o significado de cada bloco ou segmento de letras, mesmo sem poderem decifrá-los. Isto é o que fazem efetivamente algumas crianças, em certo momento de sua evolução. Mas, antes de chegarem aí, passaram por várias etapas prévias. O que mais nos interessa aqui é o período caracterizado pela seguinte suposição: somente os nomes dos objetos mencionados estão escritos; com isso que está escrito pode-se ler uma oração completa. Por exemplo, diante da oração escrita e lida pelo adulto, "Papai chuta a bola", pensam que o que está escrito realmente é "papai" e "bola", ainda que "tudo junto" diga "papai chuta a bola"; se se trata de "A menina come um caramelo", pensam que somente "menina" e "caramelo" estão escritos etc. Neste nível, as crianças enfrentam, sistematicamente, o problema das "sobras" de texto. Quer dizer, sempre vão achar que há mais grupos de letras escritas que os que correspondem a suas hipóteses. Esta "sobra de texto" atua como uma perturbação (em relação aos esquemas interpretativos do sujeito) que se procura compensar contingentemente por procedimentos muito interessantes, mas que não vamos analisar aqui.[1] Sempre vão encontrar uma "sobra de texto", exceto em certos casos privilegiados. Por exemplo, se a oração escrita (e lida em voz alta) é "Mamãe comprou três *tacos*",* pode-se entender tudo: um grupo de letras quer dizer "mamãe" e nos outros "um *taco*", "outro *taco*" e "o outro *taco*".

---

1. Por exemplo, ignorando algumas das separações efetivas, e tratando o texto como se fosse composto somente de dois blocos de letras; ou dando uma interpretação silábica a alguns dos segmentos com menor quantidade de letras; ou introduzindo outros nomes, que não aparecem no enunciado, mas que são compatíveis com a cena total evocada pelo enunciado (o "quiosque" ou a "barraca" onde se compra o caramelo, o "campo" onde se joga a bola etc.).

* *Tacos*, em castelhano: comida típica mexicana. (N. da T.)

Estes dados sugerem as seguintes hipóteses:

1. Neste período do desenvolvimento, a representação de uma pluralidade obtém-se pela reiteração da série de grafias que correspondem ao nome no singular (quer dizer, para passar, por exemplo, da escrita de "pato" para a de "patos", repetir--se-á tantas vezes a sequência original de grafias quantos patos se queira representar; se se trata de uma oração, ocorrerá algo similar; inversamente, para passar de um plural de três para um plural de dois ou para o singular, suprimir-se-á letras). Em outras palavras: para uma maior quantidade de objetos mencionados, uma maior quantidade de letras; para uma menor quantidade de objetos mencionados, uma menor quantidade de letras.

2. Pela mesma razão, neste período do desenvolvimento, a representação da ausência (expressa por uma negação) deveria criar um conflito praticamente insolúvel, pela contradição inerente à criação de uma presença (das letras) para representar uma ausência (a do referente). Por outras palavras: se para uma menor quantidade de objetos mencionados, uma também menor quantidade de letras, em caso extremo de ausência do referente, ausência de letras, ou seja, impossibilidade de escrever.

Para pôr à prova estas hipóteses criamos uma série de situações de produção de textos:

a) pedir a escrita de "pato" e "patos", em relação à imagem de um pato e de quatro patos, respectivamente;

b) pedir a escrita de "mamãe comprou dois *tacos*" e de "mamãe não comprou *tacos*", a partir do modelo "mamãe comprou três *tacos*";

c) pedir a escrita de "dois pássaros voam" e de "não há pássaros" a partir do modelo "um pássaro voa".

No caso da escrita de palavras isoladas, obtêm-se efetivamente as respostas de reiteração da série original, tal como havíamos antecipado

(Ilustração 20).[2] Lúcia e José não dispõem ainda de suficientes grafias convencionais em seu repertório. Para ambos, a quantidade de grafias para o nome no singular depende de critérios que não têm a ver com a pauta sonora da palavra, e sim com outro tipo de princípios organizadores, que não vamos analisar aqui.[3] O plural se obtém, em ambos os casos, por repetição da série original tantas vezes quantos forem os objetos mencionados. (Lúcia não tem dificuldade para repetir quatro vezes sua série de duas grafias, enquanto José, pondo cinco letras para cada pato, encontra o limite do espaço gráfico antes de completar sua última série.) É importante considerar que ambas as crianças leem sua segunda produção como "patos", e *não* como "pato-pato-pato-pato".

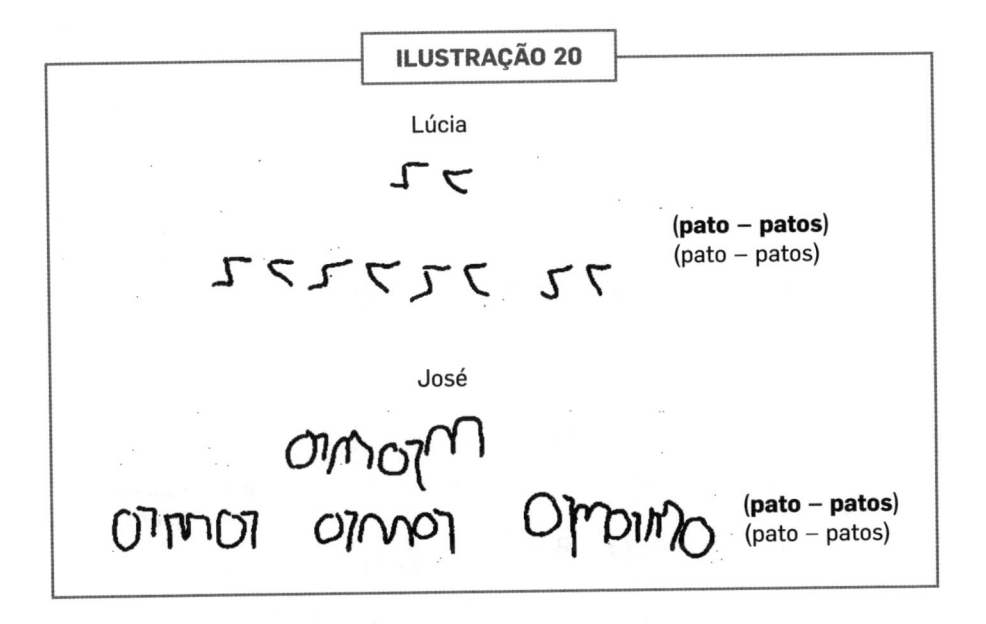

ILUSTRAÇÃO 20

Lúcia

(pato – patos)
(pato – patos)

José

(pato – patos)
(pato – patos)

---

2. Mencionamos aqui alguns exemplos obtidos com uma amostra de 844 crianças. Estas não são as únicas respostas obtidas, mas são as que mais nos interessam no contexto deste capítulo.

3. Trata-se do princípio de "quantidade mínima de grafias" para obter uma totalidade "legível", quer dizer, interpretável. Para ambas as crianças há necessidade de mais de uma letra para escrever um nome: Lúcia contenta-se com duas, e José necessita de cinco ou seis (Ferreiro e Teberosky, 1979, Cap. II e VI).

O que resulta sumamente interessante é comprovar que este modo de construção do plural precede o período aqui considerado, e subsiste além dele. Precede, porque crianças que escrevem somente com bolinhas, mas pondo sistematicamente em correspondência uma bolinha para cada objeto mencionado, também aumentam a quantidade de bolinhas quando há aumento na quantidade de objetos referidos (como Irene, Ilustração 21). Isto não é muito surpreendente, mas torna-se ao se encontrar este modo de construção do plural em escritas tipicamente silábicas, como a de Miguel Angel (Ilustração 21), ou inclusive silábico-alfabéticas, como a de Laura (mesma ilustração). A escrita de Miguel Angel é do tipo silábico, porque cada letra do nome no singular representa uma

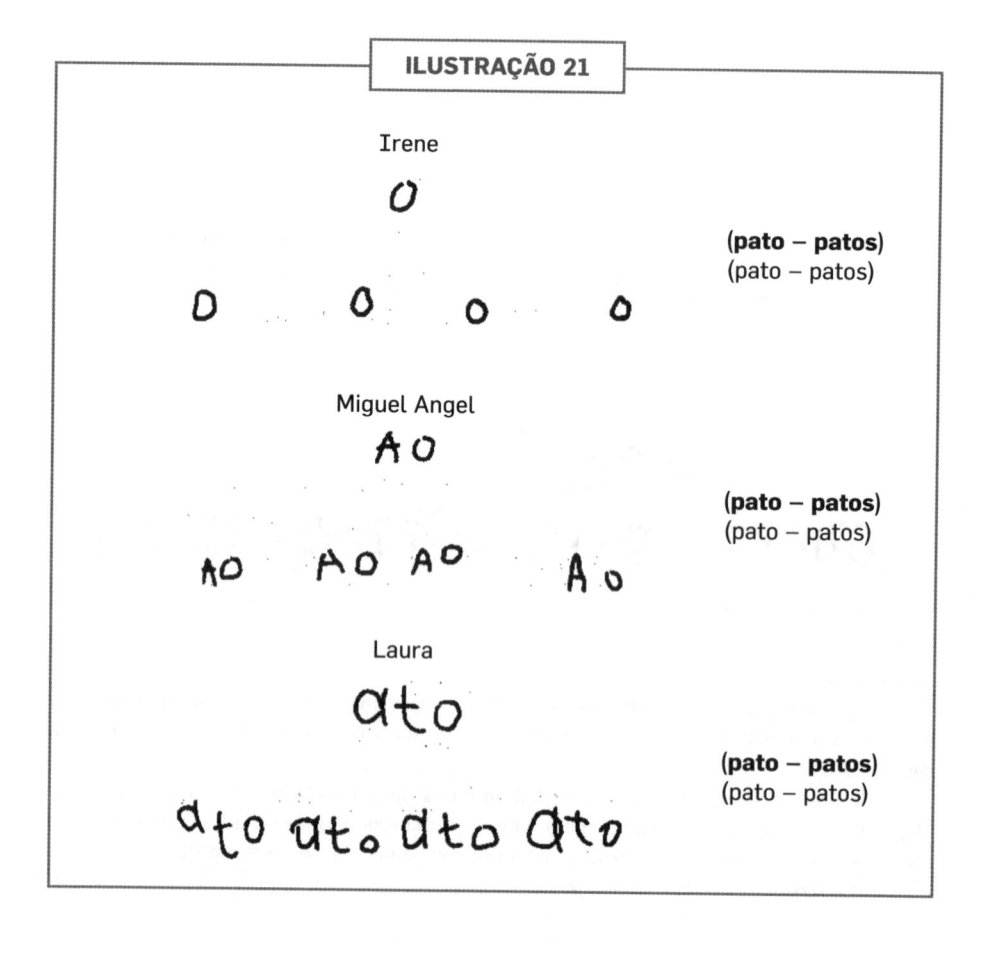

ILUSTRAÇÃO 21

Irene

(pato – patos)
(pato – patos)

Miguel Angel

(pato – patos)
(pato – patos)

Laura

(pato – patos)
(pato – patos)

das sílabas da palavra.[4] A escrita de Laura é do tipo silábico-alfabético, porque algumas letras (o *a* neste caso) representam sílabas, enquanto outras representam fonemas. Apesar da análise da palavra realizada para conseguir estas escritas, a construção do plural por repetição se mantém. Estas crianças também leem a segunda escrita como "patos", mantendo pois uma clara distinção entre "o que está escrito" e "o que se pode ler" a partir do que está escrito.

Este modo de construção do plural também aparece quando se trabalha a oração. Para passar de "um pássaro voa" a "dois pássaros voam", muitas crianças afirmam que é preciso produzir um novo texto que duplique o anterior; tomando *conjuntamente* ambos os textos, pode-se ler "dois pássaros voam" (já que em cada um está "um pássaro voa").

Exemplos:[5]

Nery (4a CM) diz: "Escreva outra vez e dirá dois pássaros voam", pedindo ao experimentador que duplique o modelo.

César (6a CM) faz o mesmo, dizendo: "Escreve-se outra vez". Quando lhe perguntamos como faria para pôr "três pássaros voam", responde: "escreve-se outra vez", como se se tratasse de algo muito natural.

Berenice (6a CM) disse que é "fazendo o mesmo" que podemos obter o solicitado. Copia "pássaro" debaixo desta palavra do modelo e diz: "Assim dirá dois pássaros". Completa sua cópia com "um" e "voa" e diz: "E se pomos assim dirá dois pássaros voam".

Martha G. (5a CB) diz que é preciso pôr "dois nomes" e pede ao experimentador que duplique o modelo. Lê "um pássaro voa" em cada um, e quando indagada onde diz dois pássaros voam responde: "Neste e neste" (modelo + cópia).

---

4. As escritas silábicas podem ser de dois tipos: com ou sem valor sonoro convencional das letras utilizadas. No caso de Miguel Angel há o valor sonoro convencional das vogais utilizadas, mas dentro de um sistema silábico: *A* representa uma sílaba que contém efetivamente esse valor vocálico ("pa") e o mesmo ocorre com a outra vogal (*o* para a sílaba "to"). Em outros casos, as crianças põem tantas letras quantas sílabas possui a palavra, mas qualquer letra para qualquer sílaba.

5. Entre parênteses aparece o número correspondente à idade da criança e a abreviatura do grupo social a que pertence: CM — Criança de classe média; CB — Criança de grupo urbano marginalizado.

Também aparecem respostas de "duplicação seletiva", quer dizer, de acréscimo de letras ao modelo, com base na duplicação de uma parte das letras já pertencentes ao modelo. Esta conduta é menos frequente que a anterior, e é compreensível que assim seja: esta oração escrita é muito difícil de analisar, precisamente porque tem três fragmentos de texto, onde se esperaria somente um (um texto sem fragmentos para um único pássaro). Diante da dificuldade de saber onde localizar realmente o pássaro em questão, optam por duplicar o texto total, na certeza de que dessa maneira duplicarão também o pássaro.

No caso de "mamãe comprou três *tacos*", as crianças conseguem ser muito mais seletivas, precisamente porque ali se produz uma concordância entre seus esquemas interpretativos (tantos segmentos de escrita quantos objetos mencionados) e o próprio texto (quatro segmentos para "mamãe" e "os três *tacos*"). A resposta que havíamos antecipado (isto é, redução da quantidade de letras se existe uma redução na quantidade de *tacos* aos quais se faz referência) aparece com toda clareza no exemplo seguinte:

Experimentador	Juan Javier (4a CM)
Aqui diz mamãe comprou três *tacos*.	"Mamãe comprou três *tacos*."
Está escrito mamãe em algum lugar?	(assinala "mamãe")
E aqui o que diz? (assinala *tacos*).	"*Tacos*."
Como era tudo junto?	"Mamãe comprou três *tacos*. São quatro *tacos*!" (referindo-se à existência de quatro grupos de letras).
O que está escrito aqui? (assinala "três").	"*Tacos*."
E aqui? (assinala "comprou").	"Mamãe comprou um *taco*."
Que diz aqui? (assinala "três").	"*Tacos*."
E aqui? (assinala "comprou").	....
Diz algo ou não diz nada?	"Nada."
Apago então?	"Sim."

(Fica "mamãe três *tacos*") .	"Mamãe comprou dois *tacos*. Porque aqui (mostra "três *tacos*") são dois. Se você apaga um...".
(Deixa visível "mamãe três".)	"Mamãe comprou um."
(Deixa visível "mamãe".)	"Nada, Mamãe" (no sentido de "só diz mamãe").
Recompõe "mamãe comprou três *tacos*".	"Um, dois, três *tacos*" (referindo-se, respectivamente, a "comprou", "três" e "tacos").

O que acontece então com a escrita da negação? As duas negações propostas ("mamãe não comprou *tacos*" e "não há pássaros") diferem acentuadamente entre si. Ainda que a primeira negação comporte a ambiguidade própria das orações deste tipo (quer dizer, a negação pode referir-se ao sujeito, ao verbo ou ao objeto direto), no contexto da tarefa proposta, a interpretação mais provável consiste em referir a negação ao objeto direto, para o qual o problema consiste em saber como representar "a ausência de *tacos*" (já que a presença do sujeito "mamãe" não é questionada). Ao contrário, no caso de "não há pássaros" só se afirma uma ausência (a dos pássaros) e nenhuma presença. A segunda negação deveria resultar, pois, muito mais difícil do que a primeira, do ponto de vista do modo de concepção da escrita, que estamos considerando. Isto ocorre efetivamente. Por exemplo:

César (5a CM) acha fácil a proposta de escrever "mamãe não comprou *tacos*". Diz: "pois é só não pôr *tacos*". Copia a primeira palavra do modelo e a primeira letra da segunda ("mamãe") e diz, satisfeito: "Aqui não pus *tacos*".

Alícia (6a CM) apagou a última palavra para passar de três para dois *tacos*: para a negação, apaga outra palavra (fica "mamãe comprou"). Diz que ali não está escrito *tacos* e que se a escrevêssemos não diria "mamãe não comprou *tacos*".

Contudo, algumas crianças propõem apagar tudo:

> *Dolores* (6a CB), diante de uma folha em branco que lhe damos, diz: "Mamãe não comprou nada" (uma vez que não há letras).
>
> *Verônica* (5a CM) apagou as duas últimas palavras do modelo para passar de três a dois *tacos*. Para a negação propõe apagar tudo porque "mamãe não comprou nada".
>
> *Victor* (5a CM) apagou a última palavra do modelo para passar de três para dois *tacos*; para a negação propõe apagar tudo. Mas ao ver o resultado surge o conflito, já que, se não há letras, não se pode ler. Então propõe tornar a escrever "mamãe" e uma parte da palavra seguinte.

Victor toma consciência do conflito no decorrer da execução, e encontra uma saída para o problema, precisamente porque descobre que é possível escrever "mamãe" e algo mais que pode ser interpretado como "não comprou *tacos*". O importante em todos estes casos é que, para que a escrita possa ser interpretada como "mamãe não comprou *tacos*", todos pensam que não é preciso escrever *tacos*.

Da mesma maneira, para que a escrita possa ser interpretada como "não há pássaros", não é preciso escrever "pássaros", o que leva a descobrir que "não há pássaros" é impossível de escrever. Miguel Angel (5a CM) expressa isto em uma síntese perfeita: "não sei fazer pássaros que não existem". Outras crianças (como Eduardo, 5a CM) dizem simplesmente: "não dá pra escrever, porque não existe". Outros descobrem, no decorrer do processo, que a escrita desta negação é impossível:

> *Berenice* (6a CM) pede que apaguemos tudo e explica: "Não havia nada. Se deixamos não dá, não... e diz, não existe dois pássaros voam, não existe pássaros voam". Perguntamos o que aconteceria se escrevêssemos algo, e ela nos explica: (se escrevêssemos) "haveria passarinhos, e, se houvesse passarinhos, deveria haver passarinhos. *Mas se não há passarinhos não se pode escrever passarinho, não tem para passarinho*".

Sob uma redundância aparente, o raciocínio de Berenice é impecável: se escrevemos, colocamos os passarinhos, então sim haverá passarinhos; não há como colocar letras e não pôr passarinhos, porque seria como pôr e não pôr passarinhos, como escrever e não escrever ao mesmo tempo. A ausência exige ausência, e a presença, presença.

Até aqui, os fatos novos que conseguimos colocar em evidência derivam de conclusões extraídas do modo de raciocínio das crianças a propósito da escrita. Isto indica que o raciocínio dos sujeitos — ainda que seja muito diferente do nosso — não carece de sistemática; muito pelo contrário: é um raciocínio congruente e rigoroso, mas que *não* considera a escrita como a representação da pauta sonora das palavras.

É muito tentador concluir, a partir destes dados, que a escrita é vista por estas crianças como uma maneira particular de desenhar, e que portanto está diretamente ligada às propriedades dos objetos referidos, e não às propriedades da linguagem. No entanto, outros dados coletados — e que não cabem nos limites deste trabalho — subsidiam uma interpretação mais complexa: é pelo fato de a criança conceber os *nomes* como propriedades intrínsecas do objeto que este nível de concepção da escrita estaria ligado ao mesmo tempo à forma linguística e ao referente (Ferreiro, 1982).

Além dos fatos já mencionados, apareceram em nosso trabalho de investigação fatos não previstos[6] que se revestem de especial interesse para compreender o problema estudado, obrigando-nos a ampliar as dimensões consideradas.

Vejamos em que consistem:

> *Maria* (4a CB) diz que não é possível escrever "não há pássaros" porque "nós vemos pássaros" (quer dizer, há pássaros no meio ambiente). Logo acrescenta: "Aqui não voam pássaros" (quer dizer, o enunciado é fatualmente verdadeiro, mas remete a uma ausência). Pedimos-lhe que tente, mas Maria não se dispõe e nos devolve a sugestão: "Pois escreva você".

---

6. Uma das vantagens do método utilizado é precisamente a possibilidade de permitir o aparecimento do inesperado, coisa que muito dificilmente ocorre num delineamento experimental de tipo clássico.

> *Ana Laura* (5a CB) diz que não é possível "porque em casa há pássaros que voam pra cima" e *Patrícia* (5a CB) pensa o mesmo: não dá porque "tem sim! tem em casa".
>
> *Martha* (6a CB) diz que "não tem letras para não há pássaros". Perguntamos se há letras para "nenhum pássaro voa" e responde: "também, não há pássaros que não voam porque todos os pássaros voam".
>
> *César* (6a CM) diz que não se pode escrever "porque existem pássaros" e em seguida acrescenta: "na noite em que não há pássaros pode-se escrever não há pássaros", mas logo discorda que se possa escrever "na noite", "porque há uns pouquinhos".

A impossibilidade a que se referem estas crianças não está baseada nas razões que havíamos mencionado antes (contradição entre a presença criada pelas letras e a ausência referida). Aqui se acrescenta algo mais: *a impossibilidade por falsidade*. Como Martha diz claramente, "não há letras (para "nenhum pássaro voa") porque todos os pássaros voam".

Nós não esperávamos que considerações relativas à verdade ou falsidade das orações propostas fossem cogitadas por crianças de 4 a 6 anos, na hora de produzir uma escrita. Elas nos mostraram a realidade psicológica desta dimensão.

Enunciados tais como "não há pássaros" ou "nenhum pássaro voa"[7] podem ser interpretados de duas maneiras bem distintas: como enunciados de caráter geral ou como enunciados de um fato específico (isto é, como enunciados fatuais). Como asserção geral, sua interpretação corresponde a: não há no mundo seres tais como os pássaros (ou: não é verdade que os pássaros voem). Como enunciado de um fato específico, sua interpretação corresponde a: não há pássaros aqui, neste momento (ou: nenhum pássaro voa, aqui, neste momento). Como asserções gerais convertem-se necessariamente em falsidades. Como enunciados fatuais podem ser tanto verdadeiros como falsos.

---

7. Por precaução, preferimos utilizar com as crianças "não há pássaros", por falta de dados sobre a semântica de "nenhum" nessas idades.

Ambas as interpretações estão presentes nos exemplos que acabamos de ver. Quando Maria diz que não dá porque "nós vemos pássaros", interpreta o enunciado como asserção geral, e, portanto, como falsa; quando a mesma Maria diz "aqui não voam pássaros", está interpretando o enunciado como fatual e verdadeiro, no momento de sua declaração. Quando César diz que não se pode escrever "porque existem pássaros", está interpretando-o como um enunciado falso de caráter geral; quando acrescenta: "na noite em que não há pássaros, pode-se escrever não há pássaros", está buscando uma condição fatual que lhe permita eludir a falsidade de caráter geral; mas quando insiste em que, inclusive à noite, "há uns pouquinhos" pássaros, volta a considerar o enunciado como uma falsidade.

Dos dois tipos de impossibilidade de escrever a negação (a impossibilidade por ausência do referente, e a impossibilidade por falsidade), somente a segunda reaparece nos adultos analfabetos. Vejamos como se expressam:

Bernardo (21 anos) diz que não se pode escrever "porque todos os pássaros voam".

Martin (31 anos): "não, porque os pássaros voam".

Irma (27 anos): "não... porque se se escrever pássaro que não voa, como vai voar?"

Crescencio (50 anos): "não, pois eles voam... Nenhum, nenhum pássaro voa?... Não, claro que não... Não, não se pode".

Plácido (35 anos): "não... como nenhum pássaro voa... todo pássaro anda voando".

A transcrição por escrito destas verbalizações não deixa aparecer a entonação e os gestos dos sujeitos, que reforçavam o caráter absurdo que atribuíam a nossa proposição. Em todos estes casos (e existem outros sujeitos como eles) espera-se que a escrita se ajuste à realidade, mas o exemplo de Irma é notável pela inversão das relações: é como se a realidade devesse se ajustar à escrita: "se se escrever pássaro que não voa, como vai voar?" (ou seja, como se vai fazer para o pássaro voar se a escrita lhe nega esta possibilidade!).

Estamos aqui, portanto, diante de um novo tipo de problemas, cuja relevância sociolinguística nos parece inegável. Mas antes de avançar na tentativa de compreensão destas respostas, é preciso levar em conta que, por mais interessantes que sejam todas as respostas que apresentamos ao longo deste trabalho, elas não esgotam o leque de soluções que os sujeitos podem oferecer.[8]

Para a escrita do plural (que propusemos a crianças de 4 a 6 anos de língua materna tanto francesa quanto castelhana e a adultos analfabetos), bem como a escrita da negação (que propusemos a estes mesmos sujeitos), obtivemos uma série de categorias de respostas (entre 9 e 14, conforme os casos), que podem ser ordenadas segundo um eixo definidor: a *consideração e coordenação das semelhanças e diferenças* entre o modelo que serve de ponto de partida e a nova escrita a realizar. Em função deste eixo, todas as respostas obtidas (de crianças e adultos) podem ser organizadas em três níveis:

I — No primeiro nível encontramos as produções que ignoram o modelo. A criança faz um traçado que reflete seu modo particular de escrever (bolinhas, pauzinhos, traçado espigado etc.) no qual se pode ler o que se queira. É simplesmente uma nova escrita. Não há intenção de aproximar-se nem de diferenciar-se do modelo. Se na nova produção existem semelhanças ou diferenças, isto é aleatório. Trata-se simplesmente de produzir "outra" escrita (não "outra" no sentido de diferente da primeira, e sim *mais* uma escrita, para *mais* um enunciado). Como é impossível compreender nosso modo de construção, o sujeito contrapõe "seu" modo de construir ao nosso, paralelamente e sem confrontação explícita.

---

8. Cf. Ferreiro, 1981, para uma apresentação pormenorizada dos resultados aqui resumidos.

II — No segundo nível situam-se as respostas que mostram uma consideração exclusiva, seja das diferenças, seja das semelhanças. Para passar de "mamãe comprou três *tacos*" para "mamãe comprou dois *tacos*", há sujeitos que conservam exatamente o modelo, considerando que é "praticamente o mesmo", já que "mamãe comprou *tacos*" nos dois casos, sem que a precisão quantitativa seja considerada relevante: ao contrário, há sujeitos que mudam totalmente as letras levando em conta que "dois *tacos*" não é o mesmo que "três *tacos*". Da mesma forma, pode-se conservar as letras do modelo para passar de "um pássaro voa" para "dois pássaros voam", se pensamos no que os dois enunciados têm em comum: que os pássaros voam. É necessário trocar as letras quando a precisão quantitativa torna-se nuclear e obriga a diferenciar um "único pássaro" (ainda que incompreensível através de nossa representação em três fragmentos) do "pássaro duplicado" que é preciso representar. Ao passar para a negação, são as centrações exclusivas sobre as diferenças que passam para primeiro plano; de fato, a negação faz passar para "o contrário", do ponto de vista do significado, e admitir que o contrário pode ser escrito com letras similares exige um verdadeiro esforço de coordenação. Por isso, vemos os sujeitos dizerem, reiteradamente, que as letras de "comprou três *tacos*" não servem para "não comprou *tacos*"; que as letras de "pássaros" não servem para "não há pássaros".

III — No terceiro nível estão as respostas que tentam — com graus variados de êxito — coordenar as semelhanças com as diferenças, reconhecendo que uma parte do modelo pode ser conservada, mas algo tem que mudar. *O que* mudar, *onde* mudar e *quanto* mudar é o que devem descobrir, paulatina e dificultosamente. Apenas um pequeno subgrupo destas respostas é constituído por escritas que buscam estabelecer uma correspondência entre as letras e a pauta sonora da palavra (escritas silábicas, silábico-alfabéticas ou propriamente alfabéticas). A maioria é constituída por aqueles que acrescentam ou tiram letras do modelo e os que acrescentam números (sem substituir nenhum elemento anterior, ou substituindo algum).[9]

Nas Tabelas 1, 2 e 3 pode-se ver como os sujeitos se distribuem, nesses três níveis, por grupos de idade.[10] Destas distribuições, pode-se extrair uma série de conclusões gerais:

1. É mais difícil utilizar o modelo para passar de "três" para "dois *tacos*" do que para passar de "um pássaro" para "dois pássaros" (aos 4 anos há maior concentração em respostas do nível 1, no primeiro caso, do que no segundo, dentro do mesmo grupo de sujeitos). Isto tem a ver com a predominância psicogenética das ações de acrescentar em relação às de tirar ou diminuir.

2. Ao contrário, no que respeita à negação, a situação se inverte: é muito mais difícil imaginar como escrever "não há pássaros" do que "mamãe não comprou *tacos*". Isto aparece nas Tabelas 2 e 3: é maior a porcentagem dos que julgam ser impossível escrever "não há pássaros" do que a dos que concluem o mesmo, a propósito da outra negação; por outro lado, dentro das respostas efetivas de escrita, há maior quantidade de respostas de nível I para a negação de "pássaros" do que para a outra negação.

---

9. Convém assinalar que todas as nossas classificações levam em conta tanto o resultado obtido como o processo que conduziu a este resultado. Consideramos que esta é a única maneira de conseguir uma classificação significativa, que incorpore o ponto de vista do sujeito sobre sua própria produção. Resultados praticamente idênticos podem provir de intenções muito diferentes; inversamente, produtos muito diferentes na aparência podem ser o resultado de processos similares.

10. Só aparecem, ali, as crianças entrevistadas em Monterrey (México) e os adultos analfabetos entrevistados no México, D. F. Os totais aparecem entre parênteses.

3. Para todas as situações, dos 4 aos 6 anos, há diminuição progressiva das respostas de nível I (que desaparecem aos 6 anos para ambas as negações e estão representadas por um único sujeito desta idade no caso do plural), e aumento progressivo das de nível III (ausentes aos 4 anos para ambas as negações, mas representadas no caso do plural: o que indica, além disso, que as crianças de 4 anos podem chegar a reconhecer o que há de comum e o que há de diferente entre um enunciado singular e outro, plural, mas que esta coordenação é impossível entre um enunciado afirmativo e outro negativo).

4. Os adultos analfabetos claramente prolongam a linha evolutiva já indicada; no caso da construção do plural, estão nitidamente no nível III (com apenas duas exceções que correspondem ao nível II); para a escrita da negação, a maior dificuldade apresentada expressa-se na distribuição, praticamente equivalente, entre os níveis II e III.

5. Com respeito à possibilidade de escrita da negação, a porcentagem de adultos que considera o enunciado "nenhum pássaro voa" como impossível de escrever é comparativamente menor que a das crianças. Contudo, isto não contribui para ampliar significativamente o grupo dos que julgam o contrário, já que se introduz uma nova variante: os que duvidam, sem conseguirem decidir entre o "pode" e o "não se pode escrever".

Os resultados com as crianças de língua materna francesa (pesquisadas em Genebra) são totalmente coincidentes com os resultados anteriores. O conflito entre a presença criada pelo lápis sobre o papel e a ausência referida pela linguagem não corresponde a um traço peculiar de uma cultura e, sim, a um problema cognitivo de natureza geral. A produção de um texto, a partir de outro, exige a coordenação de semelhanças com diferenças e isto também é um problema cognitivo de natureza geral. As peculiaridades da ortografia do francês não retardam tais processos, da mesma forma que as tão conhecidas facilitações da ortografia do espanhol não conseguem acelerá-los. Os dados que estão sendo coletados em vários países[11] indicam que as crianças levantam problemas similares ao tentarem apropriar-se do sistema de escrita.

Mas existe algo mais. Com outro grupo de crianças genebrinas realizamos uma pesquisa, no contexto de uma investigação sobre o tipo de elementos sonoros que poderiam ou não receber uma representação por escrito. Neste contexto, perguntamos aos sujeitos se os dois enunciados seguintes podiam ser escritos (sem chegar à execução):

> "les enfants vont à l'école" (as crianças vão à escola).
>
> "la tortue vole" (a tartaruga voa)

Enunciada no contexto escolar, e em uma situação social onde efetivamente todas as crianças vão à escola, a primeira oração tem alta probabilidade de ser considerada como uma verdade geral. Na segunda oração, tivemos o cuidado de propor uma falsidade através de uma oração afirmativa, para evitar o problema da confluência de negação com falsidade.

Embora a amostra fosse pequena (67 respostas), os resultados foram muito claros e mostram, nitidamente, que a dimensão verdade/falsidade é diferenciável da dimensão afirmação/negação:

Sim, pode-se escrever		
	4-5 anos	5-6 anos
"Les enfants..."	88%	92%
"La tortue..."	37%	28%

---

11. Dados de A. Teberosky, em catalão, e de L. Tolchinsky-Landsman I. Levin, em hebraico, em E. Ferreiro e M. Gómez Palacio (Orgs.), 1982.

Os dados que acabamos de apresentar permitem evitar a tentação de cair na explicação "fácil" destes fenômenos, que consiste em invocar o ambiente cultural que rodeia os sujeitos como causa única e direta.

Estas crianças genebrinas crescem rodeadas de uma literatura infantil na qual os animais têm propriedades humanas e fazem coisas fantásticas. Como é possível que estas mesmas crianças pensem que "a tartaruga voa" não pode ser escrito, exatamente porque se trata de uma falsidade? (A justificativa geral que dão é: não se pode, porque não voa.)

A consideração da falsidade de uma proposição como impedimento para sua representação por escrito aumenta em vez de diminuir com a idade (em sujeitos não alfabetizados).

Talvez estejamos aqui diante desses processos de "sacralização" da língua escrita, que Claire Blanche-Benveniste recorda quando afirma em relação ao francês: "Hoje em dia, um falante não educado é conduzido a sacralizar a linguagem escrita, desdenhando a possibilidade de dar forma escrita à linguagem oral".[12] As classes dominantes da sociedade possuem os bens materiais tanto quanto a língua escrita. Historicamente falando, a posse da escrita também está ligada ao poder; as grandes religiões têm seus livros sagrados: como está assinalado em um dos documentos da Igreja Católica, "Deus escolheu a palavra falada e escrita para revelar-se e não a pintura ou a escultura".[13] No mundo contemporâneo, a palavra dada por escrito tem uma força que não se atribui à palavra dada oralmente: a identidade de uma pessoa comprova-se com documentos, assim como as propriedades e os títulos acadêmicos. A veracidade de todas estas escritas é coisa que não se discute.

---

12. C. Blanche-Benveniste, La escritura del lenguaje dominguero. In: E. Ferreiro e M. Gómez Palacio (Orgs.), 1982.

13. "Deus escolheu a palavra falada e escrita para revelar-se e não a pintura ou a escultura. Uma tal consagração da escrita é a base e a justificativa teológica da alfabetização [...] promovida pela Igreja e por sua missão" (*Contributions de l'Église dans le domaine de l'alphabétisation*. Paris, publicado pelo observador permanente da Santa Sé na Unesco, 1976, p. 22).

Permitir que a falsidade e a mentira entrem na escrita seria então vulgarizá-la, "dessacralizá-la". "Não há letras para 'não há pássaros'", como dizem nossas crianças. "Tenho que entortar as letras de 'não há pássaros'", diz Lisandro, de apenas 4 anos, procurando deformar as letras que mal sabe desenhar, exatamente porque as "letras direitas" não servem para representar a falsidade.

Estas dimensões não são levadas em conta quando a alfabetização — de crianças e de adultos — é considerada, simplesmente, como o aprendizado de um código de transcrição.

Tabela 1

Distribuição, por níveis, das respostas de escrita do plural

	De "três" para "dois"			De "um" a "dois"			
	4a	5a	6a	4a	5a	6a	Adultos
Nível I	64% (16)	26% (8)	3% (1)	34% (10)	16% (5)	3% (1)	—
Nível II	20% (5)	26% (8)	26% (8)	17% (5)	13% (4)	17% (5)	4% (2)
Nível III	16% (4)	46% (14)	70% (21)	48% (14)	70% (21)	79% (23)	96% (48)
Totais	100% (25)	98% (30)	99% (30)	99% (29)	99% (30)	99% (29)	100% (50)

Tabela 2

Distribuição das respostas para negação

	Crianças	Adultos	
	Neg. *tacos*	Neg. "pássaros"	Neg. "pássaros"
Possível de ser escrito	65% (55)	46% (41)	58% (26)
Duvidoso, sem decidir	—	—	22% (10)
Impossível escrever	34% (29)	53% (97)	20% (9)
Totais	99% (84)	99% (88)	100% (45)

Tabela 3

Distribuição, por níveis, das respostas de escrita da negação

	Crianças (neg. *tacos*)			Crianças (neg. "pássaros")			Adultos (neg. "pássaros")
	4a	**5a**	**6a**	**4a**	**5a**	**6a**	
Nível I	38% (5)	30% (6)	—	50% (7)	14% (2)	— .	—
Nível II	61% (8)	50% (10)	36% (8)	50% (7)	57% (8)	54% (7)	45% (10)
Nível III	—	20% (4)	64% (14)	—	28% (4)	46% (6)	54% (12)
Totais	99% (13)	100% (20)	100% (22)	100% (14)	99% (14)	100% (13)	99% (22)

O cálculo escolar e o cálculo com o dinheiro em situação inflacionária*

Emilia Ferreiro
com a colaboração de Maria Celia Dibar Ure**

Este trabalho relaciona-se com uma série de temas que constituem o ponto central de pesquisas que vimos realizando há algum tempo:

a) o fracasso escolar no início da escola primária;

b) a caracterização de crianças provenientes de grupos urbanos marginalizados (especificamente daquelas que fracassam na escola) como supostamente carentes;

c) a impermeabilidade da instituição escolar no que se refere à incorporação dos conhecimentos extraescolares, mesmo quando estes correspondem a tópicos do programa escolar.

---

* Traduzido por Marisa do Nascimento Paro.

** Instituto de Física da Universidade Federal Fluminense, RJ.

Um pouco de história

1975, Buenos Aires. Nesta época, com as preocupações já mencionadas, iniciamos duas pesquisas a fim de compreender a evolução dos dois aprendizados iniciais que determinam o êxito ou o fracasso escolar no início da escola primária: o cálculo elementar e a língua escrita. Este último tema acabou se convertendo no centro de nossas preocupações e a ele dedicamos a maior parte de nossos esforços posteriores.[1] O trabalho sobre o cálculo elementar foi analisado e apresentado em vários encontros internacionais, mas nunca deu margem a uma publicação. Agora, dez anos após sua realização, continuamos convictas de que estes resultados são interessantes, e ainda atuais, e, pelo que veremos a seguir, abordam uma problemática que, apesar de específica da Argentina de 1975, diz respeito a quase todos os países latino-americanos.

Hipótese inicial e contexto social

Nas grandes populações urbanas o fracasso escolar se concentra nos grupos socialmente marginalizados. As crianças que pertencem a estes grupos são caracterizadas como "desfavorecidas" ou "carentes". Elas não reagem à altura das expectativas escolares. Será que estas crianças não sabem nada que seja relevante do ponto de vista escolar? Não haveria algum tipo de conhecimento adquirido fora da escola que poderia ser utilizado no trabalho escolar, conhecimento este ignorado pela escola?

As crianças das áreas extremamente pobres são introduzidas muito cedo no mundo do trabalho. Em ambiente urbano, o trabalho encontrado por estas crianças implica a utilização do dinheiro. Seja como vendedores de jornais ou de guloseimas, como engraxates ou

---

1. Vide bibliografia que acompanha os outros capítulos incluídos neste volume.

como ajudantes de algum estabelecimento comercial, elas devem aprender a receber dinheiro e a dar o troco. Qual é a relação entre este cálculo com dinheiro e o cálculo escolar com lápis e papel?

A população ideal para nosso estudo era, portanto, a seguinte: crianças faveladas que trabalhassem e estivessem repetindo o primeiro ano do primário devido a dificuldades com o cálculo inicial.[2] A favela que escolhemos e na qual pudemos trabalhar era uma das mais antigas, das mais miseráveis e uma das mais extensas da periferia de Buenos Aires: La Cava, situada na zona de San Isidro. Construída em um enorme buraco — resultante de escavações — e sem serviços sanitários, era inundada com muita frequência. Mais ou menos 60 mil pessoas viviam amontoadas neste lugar, em sua maioria famílias procedentes das províncias do norte ou do Paraguai. O desemprego dos homens era quase crônico; só obtinham trabalho temporário, principalmente na indústria de construção civil.

Em um dos lados de La Cava, na beira da estrada, havia uma escola particular, católica, gratuita, onde nos deram permissão para trabalhar.

A escola era constituída por uma série de galpões com telhas de zinco, gelados durante o inverno e muito quentes durante o verão. O número de crianças por classe era variável: entre 20 e 30 crianças que desapareciam e tornavam a aparecer em razão das inundações (tudo se molhava em suas casas e não tinham roupa seca para ir à escola), ou do trabalho da mãe (se a mãe conseguia algum trabalho, deviam ficar em casa para cuidar dos irmãos menores), ou do trabalho que eventualmente elas mesmas pudessem conseguir. A escola tinha uma classe constituída exclusivamente por criancas que repetiam (pela primeira, segunda ou terceira vez) o primeiro ano do 1º grau. Ali decidimos procurar as crianças que trabalhavam.

No entanto, foi difícil estabelecer a própria definição de "trabalho". Uma criança podia declarar que não trabalhava, porque certamente

2. É evidente que não se tratava de identificar as crianças que tinham dificuldades *exclusivamente* com o cálculo inicial. A maioria das crianças também tinha dificuldades com a representação escrita da linguagem.

não trabalhava naqueles dias, ou naquela semana, mas havia trabalhado um ou dois meses antes. Outra criança também declarava que não trabalhava, porque não concebia o que fazia como trabalho: fazer as compras para alguma vizinha um pouco mais abastada, que lhe dava uma certa retribuição, variável segundo a quantidade das compras ou seu humor. Não obstante, para os propósitos de nossa investigação, isto contava como trabalho, pois envolvia contato direto com dinheiro.

Devido a estas dificuldades, decidimos interrogar *todas* as crianças desta classe de repetentes (29 crianças no total: 14 meninas e 15 meninos) e acrescentamos, como grupo-controle, 21 crianças não repetentes, que estavam cursando o 1º ano pela primeira vez, em uma classe comum (10 meninas e 11 meninos).

A distribuição por idade era a seguinte:

	Classe comum	Classe de repetentes
5 anos	2	—
6 anos	6	—
7 anos	12	8
8 anos	1	12
9 anos	—	3
10 anos	—	4
11 anos	—	2

Os tipos de trabalho — frequentemente variáveis — a que se dedicavam estas crianças eram os seguintes:

— como *caddy* no campo de golfe situado exatamente em frente à favela (trabalho muito valorizado, ao qual apenas algumas crianças tinham acesso);

— ajudantes de pequenos estabelecimentos comerciais ou barracas (tarefas desempenhadas: ajudar a pesar os produtos; ajudar a transportar caixas, recipientes e vasilhames; ajudar a distribuir os produtos);

— trabalho em um bar (lavando copos e pratos ou até mesmo atendendo diretamente os clientes);

— ajuda doméstica (contratadas em casas mais abastadas, sobretudo para ajudar na limpeza);

— venda de produtos diversos nos domingos ou feriados (principalmente em parques ou corredores de estádios de futebol);

— outros trabalhos diversos (por exemplo, levar e trazer de casa para a escola uma criança menor, de outra família; fazer compras para uma vizinha etc.).

Não podemos dizer exatamente quantas, entre as crianças entrevistadas, trabalhavam ou haviam trabalhado. Além dos trabalhos enumerados — todos eles "confessáveis" —, havia sem dúvida outros sobre os quais não se queria falar, ou inclusive uma reticência em definir-se como "criança trabalhadora", já que a legislação vigente proibia o trabalho dos menores de idade.[3] A verdade é que a maioria era encarregada de tarefas específicas dentro da própria casa: buscar água na torneira comum da favela, ocupar-se das crianças mais jovens, alimentar os menores etc. Houve uma criança que nos ensinou como ganhava dinheiro jogando com dinheiro (em um jogo que se chamava *del chanta,* no qual se tornara tão hábil que até mesmo sua família lhe dava dinheiro para que o "multiplicasse" desta maneira). Houve também aquelas que nem sequer admitiam trabalhar em suas casas. Uma favela com as dimensões de La Cava é um mundo onde se reproduzem as diferenças sociais.

As crianças cujos conhecimentos sobre o dinheiro vamos aqui apresentar têm com ele experiências certamente muito diversas. Além disso, foram tendo experiências diversificadas, à medida que se desenrolou nosso próprio trabalho de pesquisa. 1975 foi o ano em que

---

3. Isto não impedia que as pessoas assistissem ao insólito espetáculo de ver uma criança de apenas 7 ou 8 anos percorrendo os trens suburbanos e gritando: "Compre a nova lei do trabalho, compre a nova lei", lei que, certamente, proibia o trabalho que esta mesma criança estava fazendo!

se registrou na Argentina aquilo que até então era a maior taxa de *inflação*: 335% ao ano. Embora hoje essa cifra pareça ridícula, pois a Argentina, assim como outros países, teve que se acostumar a taxas ainda mais elevadas, naquele momento o impacto deste fato foi enorme: "A inflação alcançou em 1975 seu mais alto nível histórico"; "150 dias com uma inflação de 1% a cada 24 horas"; estas eram as manchetes dos jornais.

O impacto deste aumento inflacionário desenfreado foi enorme, tanto para a população quanto para nossa investigação. Na verdade, não estávamos em condições de coletar os dados em curto período de tempo, pois íamos a esta escola apenas uma ou duas vezes por semana. As moedas que íamos apresentando às crianças começaram a se desvalorizar. Novas moedas entraram em circulação. Que fazer então? Ou continuávamos a apresentar as mesmas situações ao longo do tempo, ignorando a inflação, ou adaptávamos nosso delineamento experimental a ela. Fora de toda ortodoxia experimental, mas dentro da situação social em que vivíamos, fomos ajustando as situações experimentais à espiral inflacionária. Com isso descobrimos (e vale a pena anteciparmo-nos aos resultados) que o *cálculo com dinheiro realizado por essas crianças seguia a espiral inflacionária*.

O delineamento experimental

As situações que apresentamos a cada criança — em uma entrevista que durava de 40 a 60 minutos, conduzida com a metodologia crítica própria dos estudos piagetianos — eram as seguintes:

a) Denominação dos diferentes tipos de moeda em circulação (no início, somente moedas; acrescentamos algumas notas por volta do final da coleta de dados).

b) Ordenação das moedas segundo seu valor: da "que valesse mais" para a "que valesse menos".

c) Possibilidade de realizar uma soma com moedas do mesmo valor e limite superior do referido cálculo. Subtração, a partir deste limite superior (variável para cada criança).

d) Possibilidade de realizar uma soma com moedas de valores diferentes e limite superior do referido cálculo. Cálculo de subtração a partir deste limite superior (também variável para cada criança).

e) Para uma determinada moeda, formar o mesmo valor com outras moedas, ou ainda para um grupo de moedas formar outro grupo com o mesmo valor.

f) Identificar a moeda que vale "o dobro" ou "a metade" de uma determinada moeda (em casos possíveis e em casos impossíveis).

g) Realização de somas e subtrações com lápis e papel, ajustando as quantidades em jogo às possibilidades de cada criança. Para todas as crianças, havia contas que podiam ser feitas também com moedas, e outras que não podiam ser comparadas às operações com moedas (veremos que elas não aceitavam a moeda de 1 como valendo nada).

h) Aplicação da situação clássica de conservação de quantidades descontínuas: para todas as crianças, com caramelos pequenos de forma quadrada (tipo Sugus); para as crianças que conseguiam somar cinco moedas do mesmo valor também se aplicou a mesma situação com estas moedas. Neste último caso, tratava-se de indagar se, através de transformações figurais (encompridar e encurtar a fileira inicial), continuava tendo "igual quantidade de moedas", e se continuava tendo "igual de dinheiro".

Todas as crianças começaram com a situação *a*, mas a ordem das provas subsequentes dependia do que cada criança demonstrava saber a respeito, embora em todos os casos se iniciasse a entrevista com a indagação sobre o dinheiro e somente depois se passasse às contas com lápis e papel. Às vezes aplicávamos as situações de conservação entre uma e outra parte, e às vezes no final.

Apresentaremos cada uma destas situações, com as observações e pormenores da entrevista que sejam pertinentes, assim como os resultados obtidos.

As moedas, sua denominação e seu valor

No final de 1975 circulavam nove tipos de moedas diferentes, cuja seriação por valor *não* podia ser obtida por tamanho (moedas novas de maior valor eram menores em tamanho do que moedas antigas de valor menor). A cor das moedas também não podia servir de indicador (havia moedas douradas e outras prateadas, entremeadas na série feita por valores). Também não era possível obter uma seriação lendo os números e as letras inscritas em cada moeda. Na verdade, havia ocorrido uma reconversão monetária que tinha convertido os antigos "pesos" em "centavos", de tal maneira que uma moeda com o texto "5 pesos" (formato antigo, grande) era equivalente a outra moeda com o texto "5 centavos" (formato novo, pequeno). Havia, portanto, duas apresentações diferentes para algumas moedas: a de 5, como acabamos de ver, se apresentava em formato grande, prateada, com a denominação "pesos" e em formato muito menor, também prateada (mas com outra liga) e com a denominação de "centavos". Ocorria algo semelhante com a moeda de 10: em formato grande, prateado, trazia a denominação "pesos" e em formato pequeno — tão pequeno como a moeda nova de 5 — trazia a denominação "centavos".

Como se tudo isso já não fosse bastante complexo, devemos acrescentar uma complicação adicional: o governo tinha decidido reconverter o dinheiro (sobre a base 1 = 100), mas a população continuava falando em termos de "pesos velhos" e ninguém ainda fazia suas contas em termos de "pesos novos". Por isto, a moeda considerada como de maior valor da série — mas não a de maior tamanho — era a de cem pesos, apesar de trazer a inscrição "1 peso". (A ela nos referiremos, de agora em diante, como a moeda de "100 pesos".)

Em resumo, sem informações dos usuários sobre este caos monetário, qualquer visitante se sentiria perdido na maior das incertezas. (A Figura 1 traz uma fotografia das referidas moedas.)

Esta situação de aparente caos era, entretanto, ideal para os propósitos de nossa investigação. Na verdade, em países com estabilidade monetária, o valor das moedas costuma ser proporcional a seu tamanho e/ou a seu peso ou espessura.[4] Se uma criança destes países realiza uma seriação correta, não podemos saber se está seriando as propriedades físicas dos objetos ou os valores monetários. Em contrapartida, na Argentina de 1975 a situação era clara: se uma criança realizava uma seriação correta, segundo o valor das moedas, tínhamos a certeza de que não o fazia nem por tamanho, nem por cor, nem por outro indicador material do objeto.

Esta apresentação das moedas era necessária tanto para se compreender os dados relativos à denominação — que veremos a seguir — como os relativos à seriação delas. O experimentador procedia da seguinte maneira: punha sobre a mesa, em um monte, um exemplar de cada uma das moedas em circulação e perguntava à criança se as conhecia, usando sempre a mesma pergunta: Qual é esta? Você a conhece?

As respostas mais primitivas de denominação são aquelas que, em vez de dar o valor da moeda, dão o nome da imagem que se encontra em seu reverso. Duas das moedas tinham no reverso uma imagem claramente identificável: um barco na de 5 pesos, grande (na frente do 5), e um cavalo na de 10 pesos, grande (na frente do 10). No total, oito crianças usaram a denominação "barquinho" ou

---

4. Com algumas exceções, como o *dime* (moeda de 10 *cents*) em relação ao níquel (moeda de 5 *cents*) nos Estados Unidos, ou a moeda de 50 centavos em relação à de 20 centavos na Suíça. A utilização de metal dourado ou prateado costuma distinguir, nestes países, um grupo de moedas (por exemplo, centavos) de outros.

Figura 1

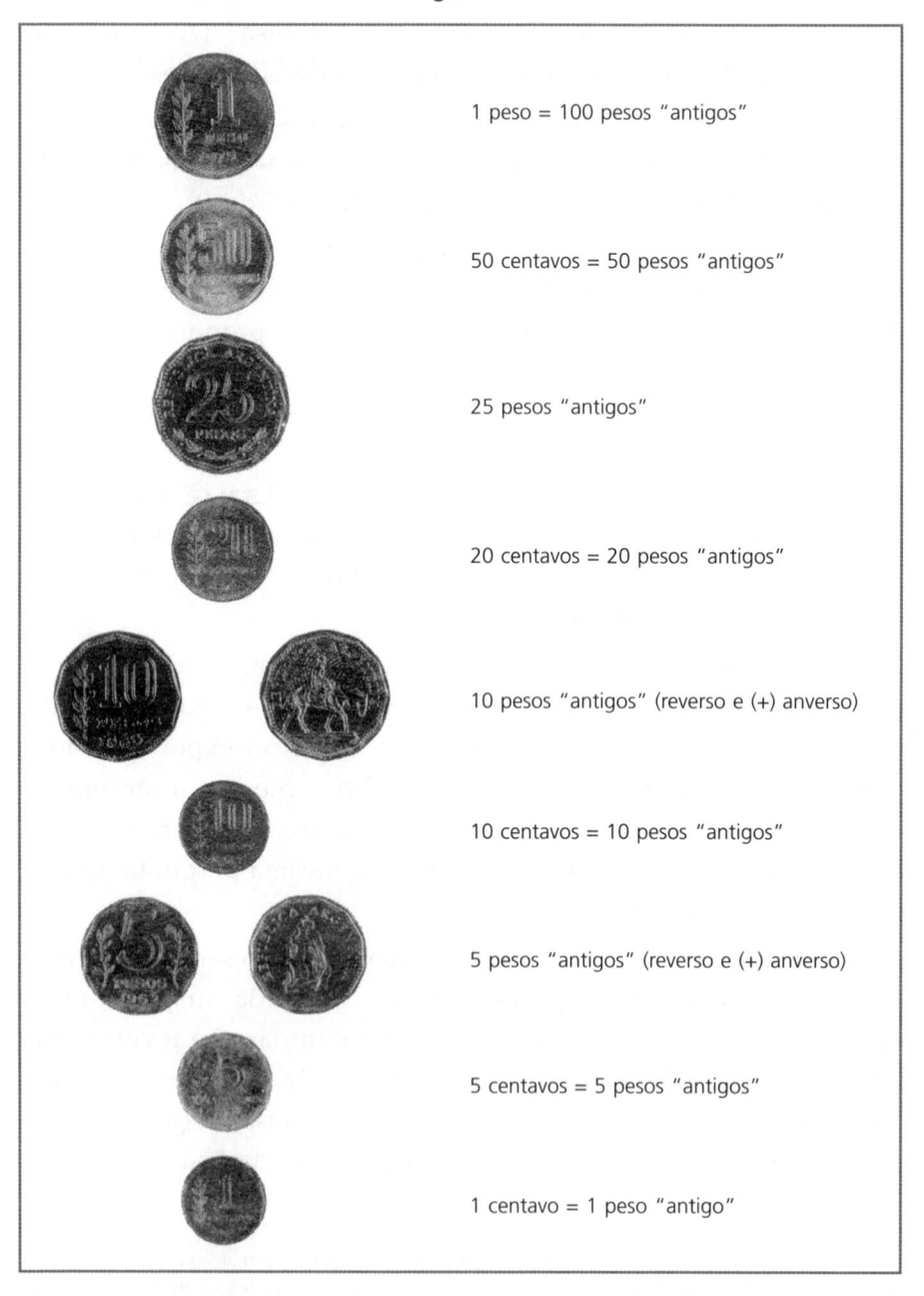

1 peso = 100 pesos "antigos"

50 centavos = 50 pesos "antigos"

25 pesos "antigos"

20 centavos = 20 pesos "antigos"

10 pesos "antigos" (reverso e (+) anverso)

10 centavos = 10 pesos "antigos"

5 pesos "antigos" (reverso e (+) anverso)

5 centavos = 5 pesos "antigos"

1 centavo = 1 peso "antigo"

(+) *Anverso* — face da moeda em que se vê a efígie ou emblema (face anterior)
     Reverso — antônimo de anverso. O mesmo que verso (face posterior) (N. da T.)

"cavalinho" para estas duas moedas. Outro caso primitivo (somente um sujeito) nomeava a quantidade de algarismos inscritos em cada moeda. Assim, a de 5 era "de um"; a de 50 e a de 10 eram "de dois" etc. Em todos os outros casos, as crianças denominaram as moedas por seu valor correto ou por um valor suposto, sempre utilizando a denominação "pesos" (coincidente com a utilização social neste momento) e nunca "centavos", apesar da palavra "centavos" estar efetivamente inscrita no verso da moeda. O critério para considerarmos que a denominação era correta foi estrito. Deveria aparecer no mínimo duas vezes, no transcorrer da entrevista. Por exemplo Patrícia (7 anos) denomina a moeda de 50 pesos uma vez como "de 50", mas logo depois como "de 100"; por isso, não consideramos que ela tenha conhecimento da denominação correta. Nos quadros 1A e 1B apresentamos a distribuição das crianças em cinco grupos: as que não chegam a denominar corretamente moeda alguma (Grupo Ø); as que denominam corretamente uma ou duas moedas diferentes (Grupo 1—2); as que denominam corretamente entre 3 e 5 moedas (Grupo 3—5); as que denominam todas corretamente, com exceção de uma (Grupo T—1); as que denominam todas corretamente (Grupo T).

Quadro 1A

Distribuição da população em grupos de denominação (% sobre totais por idade)

Grupos \ Idades	Ø	1 — 2	3 — 5	T — 1	T
5 anos	—	100%	—	—	—
6 anos	—	33%	66%	—	—
7 anos	22%	22%	17%	11%	28%
8 anos	—	23%	31%	23%	23%
9 anos	—	—	—	67%	33%
10 anos	—	25%	—	—	75%
11 anos	—	—	—	—	100%

Quadro 1B

Distribuição da população em grupos de denominação
(% sobre o total de meninas e sobre o total de meninos)

Denominação \ Sexo	Meninas (N = 24)	Meninos (N = 26)
Ø	13%	4%
1 — 2	30%	20%
3 — 5	26%	20%
T — 1	13%	16%
T	17%	40%

Observa-se uma relação direta entre idade e conhecimento da denominação convencional, tal como era fácil prever. No entanto, os dados mais interessantes referem-se às crianças de 7 anos, que se distribuem em todos os grupos. É verdade que o grupo de 7 anos é o mais numeroso da amostra; por outro lado, este grupo de idade parece marcar a transição entre o escasso conhecimento próprio de crianças de 5 e 6 anos, e o domínio das denominações convencionais próprio de crianças de 9 a 11 anos que — com uma única exceção — se distribuem exclusivamente nos dois grupos superiores.

A distribuição por sexo evidencia que, embora meninas e meninos se distribuam em todos os grupos, os meninos se concentram nos grupos de maior conhecimento. A regra geral parece ser a seguinte: os meninos chegam a um determinado nível de conhecimento sobre as moedas antes do que as meninas. Por exemplo, no grupo 3—4 (entre 3 e 5 moedas identificadas corretamente), encontram-se quatro meninos de 6 anos e um de 8 anos; no mesmo grupo não há nenhuma menina de 6 anos, mas aparecem três meninas de 7 anos e outras três meninas de 8 anos.

Devido às condições particulares de nosso trabalho — a que já nos referimos —, não insistiremos na análise quantitativa. As análises qualitativas serão o principal ponto de nossa apresentação.

O que podemos assinalar, quanto à denominação das moedas, do ponto de vista qualitativo? Em primeiro lugar, que a moeda menos reconhecida pelas crianças foi a de 25 pesos, a de maior tamanho de toda a série, sem que possamos agora apresentar a razão deste fato. Em segundo lugar, é muito importante observar que a igualdade de denominação não implica necessariamente a igualdade de valor, assim como a diferença de denominação não envolve necessariamente diferença de valor. Vejamos dois exemplos:

> *Hugo* (6 anos) denomina corretamente as duas moedas de 5 pesos (a grande e a pequena); as duas são "de cinco pesos". No entanto, ao falar em termos de valor de compra, pensa que se pode comprar mais coisas com a grande do que com a pequena.
>
> *Miguel Angel* (6 anos) denomina a moeda grande de 10 pesos como "cavalo" e a outra como "casinha", mas afirma que ambas têm o mesmo valor quando se trata de comprar alguma coisa com elas.

Em terceiro lugar — e este é o ponto mais interessante —, devemos observar que a ausência de denominação convencional não implica a impossibilidade de ordenação. O melhor exemplo é Miguel Angel:

> *Miguel Angel* (6 anos, especialista em ganhar dinheiro jogando *chanta* com moedas) denomina, como acabamos de ver, a grande de 10 como "cavalo" e a outra de 10 como "casinha". A de 20 pesos é "de dois"; a de 50 é a que "de todas vale muito"; a de 25 é "para o ponto" (uma parte do jogo de *chanta*); a de 5 é a "de 5 pesos", a de 1 é a "de um, mas não serve" e a de 100 é a "de cem, é muito". Apesar de todas estas denominações, consegue uma ordenação quase correta, com apenas um erro.

Passemos, então, à análise das ordenações por valor.

Ordenação das moedas por seu valor

Uma vez denominadas as moedas, o experimentador pergunta: Qual é a que vale mais de todas? Qual vem a seguir? Qual de todas estas vale mais? (as restantes); etc. Podemos agrupar as respostas das crianças em cinco grupos:

a) O grupo das que fracassam ou só conseguem estabelecer um par.

> Ex.: *Mirta G.* (7 anos, repetente) só sabe que a de 50 vale mais do que a de 1 (que chama de 10).

b) O grupo das que utilizam critérios aleatórios para obter uma seriação.

> Ex.: *Maria Rosa* (8 anos, repetente) põe primeiro as prateadas, logo depois as douradas e finalmente as pequenas.
>
> *Hugo* (6 anos) põe primeiro as douradas e logo depois as prateadas.

c) O grupo das que demonstram um princípio de ordenação — por pares ou trios —, sem conseguir organizar a série total.

> Ex.: *Patrícia* (7 anos) põe, em ordem decrescente: 50 — *10* — 20 — 1; ela se detém, sem saber onde colocar as outras. Afirma que a de *5* vale mais do que a de 25; também acha que a de 25 vale mais do que a de 1, mas não consegue integrar uma série.

d) Crianças que realizam uma ordenação quase correta, com uma ou duas falhas. Uma das falhas mais frequentes consiste na ordenação das duas moedas de 10 e das duas de 5, às quais raramente era atribuído o mesmo valor. Um outro erro frequente refere-se à colocação da moeda de 25 (como já vimos, a menos conhecida de todas).

> Ex.: *Maria Marcela* (7 anos) faz a colocação nesta ordem: 50, 25, 20, *10*, 5, 10, 5, 1. Não lhe apresentamos a de 100, que ainda não estava em circulação. Maria Marcela havia nomeado todas corretamente, mas afirma que, embora as duas "valham 5", a grande de 5 vale mais do que a pequena de 5, ocorrendo o mesmo com as duas de 10. Põe no final da série a moeda de 1 peso, declarando que "não vale nada".

Finalmente, considerou-se correta a ordenação quando todas as moedas estavam colocadas no lugar certo, e quando as crianças consideravam que tanto as duas de 5 quanto as duas de 10 ocupavam o mesmo lugar na série, em posições permutáveis (embora as crianças sempre preferissem colocar a grande antes da pequena).

Como se pode observar no Quadro 2, há uma relação estreita entre a quantidade de denominações corretas e a ordenação obtida.

Quadro 2

Relação entre grupos de denominação e grupos de ordenação de moedas por valor. (Em frequências absolutas, N = 45; há 5 crianças para as quais não há dados suficientes.)

Denominação \ Ordem	Fracasso	Critérios aleatórios	Início de ordenação	Ordem quase correta	Ordem correta
Ø	3	—	1	—	—
1 — 2	1	4	5	1	—
3 — 5	1	1	3	5	1
T — 1	—	—	3	1	3
T	—	—	1	3	8

Um aspecto muito importante das respostas obtidas é o seguinte: várias crianças, já no início do trabalho, se negaram a colocar a moeda de 1 peso na série, dizendo que "não valia nada". À medida que a investigação prosseguia, a moeda de 5 pesos começou a ter o mesmo destino. Por exemplo, *Justo* (7 anos) faz uma ordenação correta do 50 até o 10; ao chegar ali, nega-se a continuar porque "a de 5 quase não vale e a de 1 não vale nada".

É muito importante constatar que se pode denominar corretamente uma moeda dizendo que é "a de 5 pesos", mas que se trata de "pesos que não valem nada" e, portanto, não podem entrar sequer na última posição — em uma ordenação por valor. Isto correspondia exatamente à realidade: "a de 1 não me serve para nada", nos dizia José, de apenas 5 anos. Ela estava tão desvalorizada, que era dada às crianças para que brincassem.

O cálculo com dinheiro: adição com intervalos regulares

Com esta parte da entrevista começaram nossas grandes surpresas. No início da investigação começamos com a escala de 10 (10+10=...; + 10=... etc.). Se a criança não conseguisse dar uma resposta, passávamos ao cálculo com as de 5 pesos. Não se podia trabalhar com as de 1 peso, porque não eram realmente dinheiro, como acabamos de ver. Mas raramente utilizávamos moedas de maior valor quando não se conseguia que a criança fizesse o cálculo com as de 10. Até que um dia, quando a inflação começou a agravar-se, nos ocorreu tentar com as de 50 e as de 100 em casos de crianças que não conseguiam fazer cálculos com as de 10 pesos. Foi então que descobrimos a existência de crianças como as seguintes:

Norma (8 anos) dá os valores corretos de 100 em 100 até 400, que é seu limite, já que 400 + 100 = 5 (ou seja, passa do cálculo com dinheiro ao cálculo de moedas enquanto objetos individualizados). Mas 10 + 10 = 2, e 5 + 5 = 2, e quando lhe perguntamos "duas moedas, mas quantos pesos?" Norma não consegue responder, embora tenha a intuição de que o grupo 10 + 10 representa mais dinheiro de que o grupo 5 + 5.

Maria del Carmen (8 anos) dá os valores corretos, de 50 em 50, até 500, mas não sabe quanto é 5 + 5.

> *Estela* (7 anos) sabe calcular corretamente de 100 em 100 até 900 (tanto em série ascendente quanto em série descendente, isto é, subtraindo moedas de 100 em 100 a partir de 900, sem necessidade de voltar a contar o resto). Entretanto, dá as seguintes respostas em relação às moedas de 10 e de 5: 10 + 10 = "dois dez pesos"; + 10 = ("três dez pesos"; 5 + 5 = "dois cinco pesos". Observa-se a diferença: 100 + 100 = 200 pesos, mas 10 + 10 não são 20 pesos e sim "dois dez pesos" ou seja, duas moedas de dez pesos.
>
> *Rita* (8 anos) sabe calcular corretamente de 100 em 100 até 500, e de 50 em 50 até 550, mas é incapaz de fazer cálculos com as moedas de 10 e com as de 5. Suas respostas são as seguintes: 10 + 10 + 2; 5 + 5 = 2. Quando lhe perguntamos quanto dinheiro valem estas moedas, não responde.

Estes casos nos parecem uma demonstração convincente da existência de um *cálculo que se adapta à inflação*. Não se pode fazer cálculos em termos de dinheiro com moedas desvalorizadas, que já "não valem mais nada".

Assim sendo, as crianças podiam ser classificadas da seguinte maneira:

a) Ausência de todo indício de cálculo.

> Ex.: *Mirta* (7 anos). Perguntamos quanto é 10+10 e ela responde "cavalinho e cavalinho" (denominação das moedas pela imagem em seu reverso). Insistimos perguntando quanto dinheiro é, e ela responde "dois" (quantidade de moedas apresentadas). Perguntamos quanto é 5+5 e também responde "dois". Insistimos na distinção: sim, são duas moedas, mas quantos pesos? "Cinco pesos", é sua resposta.

b) Crianças que trabalham com uma única escala.

> Ex.: *Benita* (8 anos, repetente). Trabalha com a escala de 100 em 100 até 500. Ao acrescentarmos uma nova moeda de 100 (ou seja, 500 + 100) diz "mil pesos". Sabe que duas moedas de 50 são 100 pesos, mas não consegue prosseguir com a escala de 50: 50 + 50 = 100; + 50 = 400. Ela afirma que a de 100 pesos vale mais do que a de 50 pesos, mas quatro moedas de 100 são "quatrocentos" e também quatro moedas de 50 são "quatrocentos".

> *Rúben* (6 anos). Calcula bem de 100 em 100 até 400, adicionando e subtrain-
> do. Este é seu limite, já que, ao acrescentar outra moeda de 100 (ou seja,
> 400+100), seu resultado não é calculável: uma vez diz "200" e outra vez
> "800". Rúben sabe que duas moedas de 50 são 100 pesos, mas a partir daí,
> cada adição de 50 é tratada como se fosse de 100: $50 + 50 = 100$; $+ 50 = 200$;
> $+ 50 = 300$. Quando apresentamos as moedas de 10, as respostas de Rúben
> se alteram: $10 + 10 = 20$; $+ 10 = 40$; $+ 10 = 70$.

c) Crianças que trabalham com mais de uma escala.

São precisamente estas, as crianças que começam a poder calcular com moedas de valores diferentes. Veremos exemplos na seção seguinte.

O cálculo com dinheiro: cálculo com valores diferentes

Como é fácil imaginar, não dávamos os mesmos cálculos a todas as crianças, mas ajustávamos a quantidade e variedade de moedas para o cálculo aos que manifestavam nas situações precedentes, tendo sempre em mente que um dos objetivos era determinar, em cada caso, os limites dentro dos quais o cálculo era possível. É bom lembrar que sempre se faziam as perguntas com as moedas visíveis sobre a mesa. A velocidade de apresentação das moedas (para a adição sucessiva) também era regulada segundo a velocidade da resposta. Um exemplo de cálculo aditivo misturando-se moedas de valores diferentes é o seguinte:

> $10 + 10 = ...$; $+ 20 = ...$; $+ 50 = ...$; $+ 5...$; etc.

O cálculo de subtração começava com algum dos valores-limite identificados no cálculo aditivo, e procedia por subtração de moedas de diferentes valores, cobrindo o resto com a mão, para observar se a criança era capaz de calcular mentalmente o resultado ou se deveria voltar a somar o resto. É claro que deixávamos o resto à vista quando havia dificuldade para realizar mentalmente a adição.

Outra maneira de saber se a criança era capaz de trabalhar com valores diferentes consistia em perguntar-lhe se podia formar um grupo de moedas que tivesse um valor igual ao de uma determinada moeda (a de 25$, por exemplo) ou formar outro grupo, com moedas diferentes das que tinham sido apresentadas, mas de igual valor (por exemplo, dava-se o grupo 50 + 20 + 5, pedia-se que calculassem quanto dinheiro havia, e que formassem 75$ com outras moedas diferentes).

Finalmente, também averiguamos se as crianças podiam encontrar alguma moeda que valesse "o dobro" ou "a metade" de uma determinada moeda. (Por exemplo: Há alguma moeda que valha o dobro da de 25$? Há alguma moeda que valha a metade da de 20$? etc.)

Os resultados obtidos nesta parte do trabalho são de uma grande variedade e riqueza. Assinalemos, de imediato, os mais importantes.

Como já vimos, desde o início do trabalho a moeda de 1$ era considerada como destituída de valor monetário. Pouco tempo depois as moedas de 5$ tampouco tinham valor. Uma primeira pergunta era, portanto, a seguinte: O que ocorre quando se introduz uma destas moedas em uma adição? Vejamos alguns exemplos:

Roberto (7 anos) acha que as de 5 e 1 peso "não valem":

   $10 + 1 = 10$ pesos

   $10 + 5 = 25$? 20? Um pouco mais abaixo de 20

Severino (7 anos) faz os seguintes cálculos:

   $40 + 5 = 45; + 5 = 50; + 50 = 100; + 20 = 120; + 5 = 125; + 1 = 125.$

Aurora (8 anos) dá estas respostas:

   $20 + 5 = 25$

   $20 + 1 = 20$

Rúben (10 anos, que cursa pela terceira vez o 1º ano):

   $20 + 1 = 25$, porém menos

   $20 + 5 = 25$ de verdade

Estes exemplos têm um valor extraordinário. Roberto, Severino e Aurora indicam claramente que a adição de uma moeda que "não vale nada" não pode alterar o resultado precedente: 10 pesos mais 1 peso continuam sendo "dez pesos"; 125 mais 1 peso continuam sendo "125 pesos" e 20 pesos mais 1 peso continuam sendo "20 pesos". Rúben admite que a moeda de 1 peso introduz uma alteração, mas esta alteração só é interpretável em termos da escala mais próxima (a de 5, neste caso), por isto faz a notável distinção entre um "25 de verdade" e um "25, porém menos". Roberto, que não trabalha com a escala do 5, aproxima o resultado de 10+5 à escala mais próxima para ele (a de 10 em 10) e afirma que não chega a ser 20, mas sim "um pouco mais abaixo de 20".

A importância deste dado é inegável: no cálculo com dinheiro feito com base em escalas de intervalos regulares, não há como introduzir valores intermediários, a não ser em termos de aproximação aos valores da escala. Estas crianças sabem que há valores entre 10 e 20 (Roberto) ou entre 20 e 25 (Rubén), mas estes valores intermediários não são calculados como tais; só pode dizer que é "um pouco mais abaixo de 20" ou que é "25, porém menos".

O outro dado obtido, e de grande importância, é o seguinte: no cálculo com dinheiro que são capazes de fazer as crianças que calculam com moedas de diferentes valores, *os erros sempre se situam dentro de limites à resposta correta*. É como se este cálculo estivesse "monitorado" por uma avaliação da ordem de grandeza das quantidades que intervêm no cálculo, de tal maneira que os erros se situam sempre dentro de limites controláveis. *Ocorre exatamente o contrário com o cálculo com lápis e papel.*

Para apreciar o que estamos dizendo, precisamos contrastar os erros que aparecem no cálculo com dinheiro com os erros que aparecem nas contas de tipo escolar. *Todos* os oito exemplos que se seguem pertencem ao grupo de crianças repetentes, isto é, àquelas que já tinham uma experiência reiterada com o cálculo escolar. As contas com lápis e papel sempre foram apresentadas em ordem vertical, tal como é habitual na iniciação ao cálculo e mantivemos esta disposição para facilitar as comparações. Temos que levar em conta que todas estas crianças também realizaram cálculos corretos com dinheiro, mas aqui só faremos referência a seus erros, para compará-los com os outros erros.

Juan Carlos (9 anos)
Com dinheiro: 10+10=20; +20=30; +5=40; e por aí afora.
Com lápis e papel: 4
$$\begin{array}{r} 4 \\ +\,2 \\ \hline 3 \end{array}$$

(Dá-se conta de que "não pode ser", mas não consegue obter outro resultado.)

Alejandra (8 anos)
Com dinheiro: 10+10=20; +20=40; +50=50; +50=90; +5=95.
160−10=150; −10=230, não 130; −20=110; −10=100
Com lápis e papel:

$$\begin{array}{r} 10 \\ +10 \\ \hline 11 \end{array} \qquad \begin{array}{r} 10 \\ +\,5 \\ \hline 6 \end{array}$$

David (10 anos)
Com dinheiro: faz adições rápidas, com muito poucas falhas, até 240. Resolve, por exemplo, 190+50=240
Alguns de seus erros são: 40+50=80
Com lápis e papel: muito inseguro, às vezes começa a calcular pela esquerda e às vezes pela direita.

$$\begin{array}{r} 10 \\ +15 \\ \hline 26 \end{array}$$

(Inseguro, pergunta: "Quanto é cinco mais zero? É 6? É 3?").

Rita (8 anos)
Com dinheiro: De 100 em 100 até 500, sem falhas; de 50 em 50 chega até 550. Não sabe quanto é 50+10, mas sabe que é mais do que 50 e menos do que 100.
Com lápis e papel:

$$\begin{array}{r} 50 \\ +50 \\ \hline 202 \end{array} \qquad \begin{array}{r} 14 \\ +23 \\ \hline 20 \end{array}$$

Roberto (7 anos)
Com dinheiro: De 10 em 10 até 50. Não sabe quando é exatamente 10+5, mas sabe que é "um pouco mais abaixo de 20".
Com lápis e papel:

$$\begin{array}{r} 12 \\ +5 \\ \hline 5 \end{array} \qquad \begin{array}{r} 10 \\ +10 \\ \hline 10 \end{array}$$

Tenta resolver contando nos dedos e se perde. Recita: "...28, 29, 20, 21...", enquanto olha para o experimentador na expectativa de que este o detenha. Sugerimos que faça a conta com as moedas, ele a faz bem de imediato, mas, ao voltar à conta escrita, volta também aos dedos e não consegue resolvê-la.

Aurora (8 anos)

Com dinheiro: No cálculo com moedas de diferentes valores tem pouquíssimos erros, como estes:

$$50+25=65$$
$$50+10=50 \text{ e } 15$$

Este último "erro" mostra bem o tipo de decomposição que é capaz de fazer. Também consegue formar grupos de moedas de valor equivalente a uma determinada moeda $(25 = 10 + 10 + 5; \ 50 = 10 + 10 + 10 + 20$, mas também $50 = 20 + 5 + 10 + 10)$.

Com lápis e papel:
$$
\begin{array}{cc}
25 & 25 \\
+25 & +15 \\
\hline
410 & 310
\end{array}
$$
(que lê como "30" e "10")

Ricardo (9 anos)

Com moedas: Todos os seus cálculos são corretos, efetuando inclusive autocorreções. É uma das poucas crianças que aceitam a moeda de 1$ nos cálculos. Por exemplo:

25+5+5=35; +1=41, não, não, 36; +20=56

Com lápis e papel:
$$
\begin{array}{cc}
71 & 25 \\
+9 & +55 \\
\hline
17 & 35
\end{array}
$$
(que lê como "2 e 5"; e juntos? "25")
(que lê como "5 e 5"; e juntos? "10")
(com moedas = 80; isto lhe cria um conflito que não consegue resolver.)

Rúben (10 anos)

Com moedas: Seus cálculos são corretos. Inclui a moeda de 1$ em seus cálculos e é capaz de se autocorrigir.

Por ex.: 15+1=26, não, 16.

Com lápis e papel:
$$
\begin{array}{c}
25 \\
+ 55 \\
\hline
710
\end{array}
$$

(Sugerimos que faça o mesmo cálculo com moedas, e ele o faz bem; concilia ambos os cálculos lendo assim o resultado de sua conta: "7 e 10,80".)

$$
\begin{array}{c}
38 \\
+ 84 \\
\hline
1112
\end{array}
$$

(Ele o lê como "tudo isto é 23!", porque faz a adição mental dos algarismos do resultado: 11+12.)

$$
\begin{array}{c}
12 \\
+ 89 \\
\hline
911
\end{array}
$$

(Interpreta o resultado como "20", pelo mesmo procedimento anterior, adição mental de 9+11.)

O mesmo fenômeno se repete para qualquer que seja o nível de eficiência no cálculo com dinheiro; os erros não são quaisquer, mas se situam dentro de limites de plausibilidade. No cálculo com lápis e papel, ao contrário, não há nenhum controle do resultado. O cálculo com dinheiro é, portanto, correto ou *aproximadamente correto*. O cálculo com lápis e papel não apenas é incorreto, mas também disparatado, porque está fora de todo controle racional; é uma espécie de mecânica cega, que pode conduzir ao imprevisível.[5]

Através destes exemplos pode-se ver também que há reações muito diferentes quando se confrontam os resultados do cálculo com lápis e papel e do cálculo com dinheiro. Roberto mantém os dois procedimentos dissociados: sabe que três moedas de 10$ valem 30$, mas diante de uma conta com três vezes dez, vê-se obrigado a proceder unidade por unidade e, portanto, não consegue transferir às contas escolares o que sabe sobre o dinheiro. Ricardo entra em conflito quando obtém, com moedas, um resultado de "80" e com o lápis um de "35"; embora não consiga resolver o conflito, o fato de seu aparecimento é uma indicação positiva: pelo menos percebe que deveria haver alguma relação entre os dois resultados. Rúben reconhece que se deve chegar aos mesmos resultados tanto com moedas quanto com lápis e papel, mas em vez de questionar o resultado obtido com o lápis, produz uma solução *ad hoc*, ajustando a leitura do resultado para que coincida com o cálculo com dinheiro.

Estas são, na verdade, as três reações principais observadas nesta situação de confronto. Vejamos outros exemplos:

Crescencia (10 anos)

$$\begin{array}{r} 50 \\ + 50 \\ \hline 10 \end{array}$$

Com moedas: 50+50=100. Ao confrontar ambos os resultados, surge o conflito. Acha que "tem que dar a mesma coisa", mas não consegue encontrar uma solução.

---

5. Mecânica sistematizada, no entanto, para muitas crianças, pois que construída como aproximação a um mecanismo, o da professora, que lhe é misterioso.

$$
\begin{array}{r}
25 \\
+\ 55 \\
\hline
710
\end{array}
$$

Com moedas: 25+50+5=80. Ao fazer o confronto, encontra uma solução semelhante à de Rúben: lê o resultado da conta desta maneira: "70+10,80".

Severino (7 anos)

$$
\begin{array}{r}
10 \\
+\ 15 \\
\hline
16
\end{array}
$$

Chega a este resultado fazendo 10+1+5.
Com moedas: 10+10+5=25. Perturbado, procura modificar alguma coisa no cálculo com moedas para que dê 16, mas, naturalmente, não o consegue.

$$
\begin{array}{r}
10 \\
+\ 10 \\
\hline
20
\end{array}
$$

Esta conta, proposta logo após a anterior, é resolvida de imediato pensando nas moedas. Ao voltar novamente à conta anterior, Severino entra em conflito mas não consegue resolver a situação.

Ramón (11 anos)

$$
\begin{array}{r}
15 \\
+\ 25 \\
\hline
310
\end{array}
$$

Interpreta assim este resultado: "o 10, o 3, 13".
Com moedas: 10+5+20+5=40, de imediato. Percebe que há algo errado e confia no cálculo com moedas.

$$
\begin{array}{r}
26 \\
-\ 12 \\
\hline
14
\end{array}
$$

Por esta razão, na conta de subtração que lhe propomos, procura espontaneamente moedas para fazê-la. Forma 26 com 20+5+1; depois, começa a formar 12 com 10+1. Aí se detém e dá o resultado da subtração, sem poder explicar como conseguiu chegar a ele. Realizou mentalmente a subtração no processo de ir compondo as quantidades intervenientes!

A conclusão imediata deste conjunto de exemplos é que ambos os cálculos — o da vida extraescolar, com moedas, e o propriamente escolar — têm se desenvolvido como dois sistemas independentes, sem relação entre si. Quando confrontávamos ambos os cálculos, a primeira reação era de surpresa. A escola, evidentemente, jamais havia procedido a tais confrontações. É natural, neste contexto, que as crianças que manifestaram conflitos e, mais ainda, aquelas que afirmaram que "tem que dar a mesma coisa" não consigam contudo uma solução, porque *os procedimentos* utilizados não eram comparáveis.

É importante enfatizar que em alguns casos fica evidente o tipo de decomposição e recomposição que se efetua ao se fazer cálculos com moedas de valores diferentes. Justo (de 7 anos) é um bom exemplo neste sentido, pois verbaliza os passos intermediários. Vejamos como procede com esta série de adições com moedas.

```
50 + 25 = 60,75
     + 10 = 85
     + 20 = 95 e 100,105
+ 10 + 10 = 110,125
+ 10 + 10 = 145
     +  5 = 155,150
     + 50 = 200
```

Justo não soma diretamente 25 a 50, mas decompõe 25 em 10+15 (50+10=60; +15=75); uma moeda de 10 se acrescenta diretamente, sem decomposição, mas ao somar 20 ao resultado anterior — 85 — procede a uma decomposição que está determinada pelo acesso à primeira centena (85+10=95: +5=100; +5=105). As duas moedas seguintes de 10$ são tratadas como 5+15 (105+5=110; +15=125). Sobre este resultado se adicionam imediatamente as duas moedas de 10$ seguintes; em contrapartida, a adição de uma moeda de 5$ ao resultado anterior — 145 — é tratada como +10-5 (145+10=155; -5=150).

Esta série de decomposições e recomposições fica ainda mais interessante quando observamos que Justo, de apenas 7 anos, só sabe escrever alguns números, até o 12, e diz que ainda não sabe fazer contas.

Temos falado fundamentalmente do cálculo aditivo, mas tudo o que dissemos anteriormente também se aplica à subtração, com a ressalva de que, em quase todos os casos, esta é menos bem-sucedida que a adição, embora a diferença entre o cálculo com dinheiro e o cálculo com lápis e papel se mantenha nos mesmos termos, acentuando-se inclusive.

Prosseguindo com o exemplo que acabamos de citar, constatamos que Justo é uma das crianças que conseguem fazer subtrações mentais (sem necessidade de acrescentar o resto) com grande exatidão:

```
850    –    50   = 800
            –    50   = 750
            –   100   = 650
```

Certamente isso não exclui certos erros. Por exemplo, ao subtrair 10 de 200 passa, sem perceber, para a primeira centena (200–10=90) e, a partir daí, é coerente (90–20=70; -5=65).

Justo não é a única criança de 7 anos nesta situação. Há pelo menos mais duas que merecem ser comentadas com certa minúcia.

Severino (de 7 anos) domina as escalas de 10 em 10, de 50 em 50 e de 100 em 100. Não adiciona a moeda de 1$ (125+1=125). Pode fazer boas subtrações mentais quando se trata da escala do 100. Por exemplo, sabe que ao comprar algo que custa 400$ e pagar com 1000$, tem que receber 600$ de troco; também sabe que se a compra for de 200$ e se pagar com 500$, deve receber 300$ de troco. Alguns de seus erros, tanto em adições quanto em subtrações, são ilustrativos do problema, já assinalado, de colocar valores intermediários entre os intervalos das escalas:

```
50  +  20  =  90
    +  10  = 100? (Duvida, e refaz o cálculo correto.)
```

Em outro momento da entrevista: 50+20+5=90?

Sem dúvida, Severino sabe que adicionando 20 ou 25 a 50, o que se obtém é "algo abaixo de 100", e por isso propõe 90 (o limite mais próximo, na escala de 10 em 10). Quando saímos das escalas que ele domina, começam as dificuldades. Por exemplo:

```
120  –  10  = ...110
     –   5  = 105
     –  10  = ...104
     –  10  = 100
     –  20  = 10...50...60
```

Os procedimentos de cálculos aproximados (e de aproximação às escalas conhecidas) nos parecem evidentes neste caso. Severino faz subtrações mentais, embora, do ponto de vista escolar, ainda não saiba subtrair. Severino faz inúmeras subtrações corretas, constrói alguns grupos de moedas de valores equivalentes a uma determinada moeda, mas não sabe resolver uma adição como esta:

$$
\begin{array}{r}
36 \\
+\ 2 \\
\hline
11
\end{array}
\quad \text{(Traduzida como 6+3+2)}
$$

Maria Marcela é a outra menina de 7 anos que merece ser apresentada. Ela consegue fazer cálculos aditivos com moedas de valores diferentes até 235 pelo menos. Sabe que $1000-100=900$, e que $1000-400=600$ (em termos de troco de uma compra). É capaz de constituir vários grupos equivalentes à moeda de 25$ e de formar 75$ de diversas maneiras. Seus erros são tão instrutivos quanto os das outras crianças. Por exemplo:

```
40 + 50 =  80 (como dizendo: "não chega a 100"
135 + 50 = 235 (por passagem à escala privilegiada de 100)
235 - 50 = 135 (pela mesma razão).
```

No entanto, Maria Marcela sabe mais do que isto: sabe encontrar as moedas que valem "o dobro" das de 10, 25 e 5$. Sabe também encontrar as moedas que valem "a metade" das de 50, 10 e 20. Maria Marcela sabe que uma moeda de 1$ "não vale nada" (por isso, $55+1=55$); não obstante, sabe que 5 moedas de 1$ são equivalentes a uma moeda de 5$.[6] Maria Marcela sabe muito, muitíssimo, para

---

6. Algo muito semelhante ao que ocorre na bem conhecida situação de avaliação da conservação do peso da substância: uma migalha não pesa nada, mas muitas migalhas juntas pesam.

sua idade. Porém, falando em termos escolares, é uma ignorante: só escreve alguns números até o 10, e não sabe sequer resolver a mais simples das adições escritas:

$$
\begin{array}{r}
2 \\
+\,3 \\
\hline
?? \\
\end{array}
$$

Quisemos relatar estes casos, em pormenor, devido ao valor documental de que se revestem.[7] Justo, Severino e Maria Marcela por acaso não seriam "candidatos à reprovação"? Não são, porventura, crianças como estas que a escola reprova por não saberem somar nem subtrair? Até quando continuaremos confundindo o cálculo com a representação convencional do referido cálculo? Até quando continuaremos a confundir o que é preciso distinguir?

O grupo de repetentes

Até este momento analisamos o grupo de crianças em seu conjunto. É no entanto conveniente apresentar em particular o grupo de repetentes, a fim de melhor avaliar as defasagens que ocorrem entre o cálculo escolar e o cálculo com dinheiro.

No Quadro 3 apresenta-se a distribuição destas crianças nos grupos de denominação do dinheiro. Como se pode observar, a maioria (62%) se situa nos dois grupos superiores (conhecimento de todas as moedas ou de todas menos uma) e nenhuma criança desconhece toda a denominação adequada.

---

7. Temos conseguido documentar casos muito semelhantes em adultos analfabetos (Ferreiro et al., 1983).

Quadro 3

Distribuição do grupo de repetentes nos grupos de denominação de moedas

Grupos de denominação	Grupo de repetentes
Ø	—
1 — 2	5 (17%)
3 — 5	6 (21%)
T — 1	6 (21%)
T	12 (41%)

Quadro 4

Distribuição do grupo de repetentes nos níveis de cálculo com dinheiro e de cálculo escolar

Dinheiro / Escolar	Ausência	1 escala	2 ou mais escalas e começo de coordenação	Cálculo correto ou aproximado com valores diferentes	%
Ø	3*	2	2	—	24%
1	3*	—	—	—	14%
2	1	2*	2	1	21%
3	—	1*	2	1	14%
4	—	—	—	5	17%
S/dados	1*	1	—	1	10%
%	31%	21%	21%	27%	100%

No Quadro 4 apresenta-se a distribuição destas crianças no que se refere ao cálculo com dinheiro. Os números assinalados com * indicam os casos duvidosos: crianças a quem não pedimos as escalas do 50 ou do 100 quando fracassavam com a de 10 (no grupo de "ausência de cálculo") ou crianças que talvez trabalhassem mais de uma escala (no grupo seguinte). Neste quadro, essa distribuição está cruzada com o seguinte agrupamento dos resultados para o cálculo com lápis e papel:

Grupo 0 = Impossibilidade de realizar qualquer cálculo com lápis e papel.

Grupo 1 = Adição de unidades exclusivamente com o auxílio de dedos, varetas ou objetos. Impossibilidade de efetuar subtrações.

Grupo 2 = A adição de dezenas é convertida na adição de unidades (por exemplo: 13+12=1+3+1+2), ou então se toma a primeira dezena como tal, e se lhe adicionam as unidades (por exemplo: 10+12=10+1+2).

Grupo 3 = Cálculo aproximado, por dezenas, com o auxílio de dedos ou palitos (em adições e subtrações).

Grupo 4 = A adição de dezenas é convertida em uma adição de unidades por colunas independentes, com leitura variável do resultado, que frequentemente erga uma nova adição mental, esta sim, correta. Subtração por procedimentos variáveis.

Observe-se que, neste quadro, estamos contrastando níveis variáveis de cálculo com dinheiro — um dos quais é correto ou aproximado — com níveis de desempenho no cálculo escolar, *nenhum* dos quais é correto. Em outras palavras: há oito crianças que realizam perfeitamente cálculos complicados com dinheiro e que são incapazes de efetuar operações equivalentes ou ainda mais simples (porque só utilizamos dezenas) com lápis e papel. Há outras seis que utilizam duas ou mais escalas de intervalos fixos com o dinheiro (e evidenciam um começo de possibilidade de cálculo com moedas de valores diferentes) e que também são incapazes de fazer as adições mais elementares com lápis e papel. Ou seja: a metade deste grupo (48%) sabe calcular com dezenas e centenas quando se trata de dinheiro, mas estas mesmas dezenas e centenas se desvanecem ao se chegar à representação escrita.

O problema não é simples: não apenas não sabem fazer cálculos com lápis e papel; em muitos casos aprenderam uma maneira inadequada de resolver estes problemas, o que as leva a cometer erros sistemáticos, que nada têm a ver com os erros construtivos da psicogênese. Vejamos alguns exemplos:

Alcides (7 anos) e *Victor* (8 anos), do grupo 2, sempre resolvem as adições através de um procedimento de adição de unidades por linha:

36	12	23
+ 2	+ 15	+ 34
11 (3+6+2)	9 (1+2+1+5)	12 (2+3+3+4)

Gustavo (7 anos) e *Severino* (7 anos), também do grupo 2, resolvem as adições através de um procedimento misto que consiste em tomar o primeiro número inteiro e adicionar-lhe unidades:

10	25	14
+ 15	+ 55	+ 23
16 (10+1+5)	35 (25+5+5)	20 (intenção 14+2+3)

Todos os quatro exemplos seguintes correspondem ao grupo 4. Eles são sistemáticos na adição das colunas como unidades independentes, mas são muito variáveis no que se refere à maneira de "ler" o resultado:

Aurora (8 anos):

38		15	
+ 42		+ 25	
810	(lê "18")	310	(lê "30 e 10")

Ramón (11 anos):

15	
+ 25	
310	(lê "10; ou 10, ou 3; 13")

Rúben (10 anos):

38	
+ 84	
1112	(lê "tudo isto é 23", porque faz a adição mental 11 + 12)

12	
+ 89	
911	(lê "20", porque faz a adição mental 9 + 11)

Crescencia (10 anos):

25	
+ 55	
710	(lê "800; não, 70 mais 10,80").

No caso da subtração, aparecem outros tipos de erros sistemáticos, como os seguintes:

— Confusão entre adição e subtração:

Mirta (7 anos):   4   Rita (8 anos):   26
                       $- 2$ $- 12$
                       ⎯⎯⎯   ⎯⎯⎯⎯
                         6   38

— Mistura de adição e subtração:

Victor (8 anos):   26
                       $- 12$
                       ⎯⎯⎯⎯
                         15   (2+6−1−2)

— A subtração deixa invariante 5 o primeiro número, apesar de se conhecer o ritual verbal da subtração:

Aurora (8 anos):   43   32
                       $- 21$ $- 17$
                       ⎯⎯⎯⎯   ⎯⎯⎯⎯
                         43   32

(Enquanto diz: "2, se tiro 7, me sobram 2; 3, se tiro 1, me sobra 3".)

— Subtrair significa tirar uma unidade da soma obtida por coluna:
Crescencia (10 anos) realiza todas as subtrações através deste procedimento: ao resultado da adição ela sempre subtrai um, "porque é de menos (a conta)".

         26   45   30   81
       $- 12$ $- 10$ $- 15$ $- 3$
       ⎯⎯⎯⎯   ⎯⎯⎯⎯   ⎯⎯⎯⎯   ⎯⎯⎯
         27   (6+2−1=7 e 2+1−1=2)   44   34   73

Tudo isto, sem contar as inúmeras confusões com a orientação quanto ao lugar de início do cálculo (da direita para a esquerda ou da esquerda para a direita) e com o aparecimento do 0 ("se tiro 0 de 5, me sobra 0", é muito frequente).

Em resumo, se observamos estas crianças fazendo cálculos com dinheiro vemos sujeitos inteligentes, esforçando-se para apropriar-se de uma realidade mutável e arbitrária. Quando as vemos com o lápis na mão, vemos sujeitos que delegaram sua inteligência à mecânica de procedimentos cegos, ou que encontraram soluções locais para escapar de uma dificuldade que nem sequer conseguem avaliar em seus justos termos.

Resta-nos uma última pergunta a responder: qual é a relação entre o cálculo e a noção operatória de conservação de elementos de um conjunto? É evidente que não podemos estabelecer nenhuma relação razoável entre o cálculo com lápis e papel (sempre falho) e a referida noção, mas podemos sim estabelecê-la entre o cálculo com dinheiro e a conservação numérica, avaliada nos termos dos procedimentos clássicos de comparação entre duas fileiras de 5 ou 7 elementos através de mudanças na configuração de uma delas. O Quadro 5A apresenta esta relação para a população total, e o Quadro 5B o faz com respeito ao grupo de repetentes, em frequências absolutas.[8] Como se pode observar, as crianças que realizam cálculos com moedas de valores diferentes se situam, pelo menos, no nível intermediário, e tendem a se concentrar em Int[+] e C.

Quadro 5A

Relação entre nível de cálculo com moedas e nível operatório (conservação da quantidade de elementos de um conjunto) na população total

Cálculo com dinheiro / Conservação	Ausência de cálculo	Uma escala	Duas (ou mais) escalas; começo de coordenação	Cálculo correto ou aproximado com valores diferentes
NC	7	2	3	—
Int[-]	4	1	1	—
Int	1	3	1	2
Int[+]	—	1	1	5
C	—	—	2	3
S/dados	8	5	—	—

8. *NC*: ausência de conservação da quantidade de elementos quando se destrói a correspondência espacial entre os elementos de ambos os conjuntos; *Int[-]*: afirma a conservação em apenas uma das transformações; *Int*: oscilação sistemática entre afirmar e negar a conservação ao longo das transformações; *Int[+]*: oferece a conservação em todas as situações de transformação, mas tem dúvidas em uma delas; *C*: afirma com evidência lógica e sem necessidade de verificar a conservação da quantidade de elementos a despeito das transformações. Utilizaram-se pelo menos três transformações, inclusive a "transformação grega": ambas as filas coincidem em um extremo e apenas um objeto "ultrapassa" a fila não transformada.

Quadro 5B

Relação entre nível de cálculo com moedas e nível operatório (conservação
da quantidade de elementos de um conjunto) no grupo de repetentes

Cálculo com dinheiro / Conservação	Ausência de cálculo	Uma escala	Duas (ou mais) escalas; começo de coordenação	Cálculo correto ou aproximado com valores diferentes
NC	4	1	3	—
Int⁻	2	1	—	—
Int	1	1	1	1
Int⁺	—	1	1	4
C	—	—	1	3
S/dados	2	2	—	—

Por razões alheias à nossa vontade, não pudemos colher estes dados para todas as crianças.* Tampouco pudemos confrontar com todas as crianças, com quem era possível fazê-lo, a situação de conservação da invariância numérica com os dois materiais previstos: doces e moedas. Recorde-se que a condição era a seguinte: crianças que eram capazes de dar o valor aditivo de pelo menos cinco moedas do mesmo valor. Somente obtivemos este dado comparativo para 7 crianças do grupo de repetentes, crianças estas que aparecem enumeradas no Quadro 6. Como se pode observar ali, em 2 casos o nível obtido é idêntico; no entanto, nos 5 casos restantes há um leve progresso na situação com moedas. Na medida em que sempre se utilizou este material depois do outro (doces), não podemos eliminar o efeito de aprendizagem envolvido pelas alterações de enfoques sugeridos pela própria entrevista. Além disso, devemos enfatizar que outras três crianças fizeram mudanças notáveis durante esta entrevista, com o

---

* Este trabalho foi realizado em condições precárias, sem nenhum apoio financeiro, e terminado em momentos difíceis para o país (poucos meses antes do golpe militar de 1976).

único material utilizado por elas (doces). Uma delas em particular (Martin, 6 a) realizou uma evolução completa no transcurso da interação: inicia com respostas francamente do tipo NC, passa a duvidar e termina afirmando com certeza a conservação. Sem entrar em detalhes, queremos, entretanto, fazer um alerta sobre a dificuldade destas avaliações em crianças de populações marginalizadas, e a importância de se dar à criança inúmeras ocasiões de reflexão a fim de se avaliar o máximo de suas potencialidades e de não se limitar à primeira resposta que possam dar.

Quadro 6

Relação entre as respostas de conservação com dois
materiais diferentes (N=7; todos do grupo de repetentes)

	Caramelos	Moedas
Alejandra (8 anos)	NC	Int
Rita (8 anos)	NC	Int
Dora (11 anos)	Int⁻	Int
Victor (8 anos)	Int	Int
Roberto (7 anos)	Int	Int⁺
Lalo (7 anos)	Int⁺	Int⁺
Oscar (9 anos)	Int⁺	C

A questão que se coloca no final desta análise é a seguinte: qual é a relação entre o cálculo com dinheiro e o cálculo com diversos objetos de uso cotidiano?

Conclusões

As conclusões que podemos tirar deste trabalho podem ser organizadas em vários tópicos principais:

A) As crianças das populações urbanas marginalizadas têm uma possibilidade de cálculo com dinheiro superior à que a escola constata, ao ocupar-se somente da representação do cálculo (com lápis e papel). Em uma situação de inflação acelerada — como a que ocorria na sociedade argentina quando realizamos este estudo —, este cálculo apresenta uma característica surpreendente: ajusta-se, passo a passo, à espiral inflacionária. As moedas que se desvalorizam não entram no cálculo, e este se adapta aos valores monetários que substituem as moedas desvalorizadas. Isto provoca uma defasagem cada vez maior entre o conhecimento extraescolar e o conhecimento que a escola trata de ensinar: enquanto a escola, no primeiro ano, ocupa-se apenas de unidades e dezenas, na vida real as crianças trabalham com centenas e milhares.

B) O progresso em relação ao cálculo com dinheiro parecia seguir os seguintes passos: primeiro, o estabelecimento de uma escala com intervalos fixos (de 100 em 100; ou de 50 em 50; etc.); logo após, a compreensão de duas ou três escalas com intervalos fixos, ao mesmo tempo que a ampliação dos limites destas escalas (inicialmente limites próximos, e logo depois limites talvez indefinidos). A coordenação entre estas escalas permitiria ir "preenchendo" os intervalos da escala inicial e, consequentemente, permitiria o cálculo com moedas de valores diferentes. Por exemplo, suponhamos que a primeira escala seja a de 100 em 100, e a seguinte seja a de 50 em 50. Necessariamente, a criança chegaria a constatar que, indo de 50 em 50, encontraria em intervalos regulares os mesmos valores que ao ir de 100 em 100. Se as moedas de 50 pesos só podem ser usadas no cálculo tomando-as de 2 em 2 (coisa que algumas crianças fazem), isto não modificará a escala inicial. Mas se for possível calcular os valores de 50 em 50, os resultados 100, 200, 300... ficarão coincidentes com os resultados da primeira escala, enquanto os resultados aditivos 150, 250, 350... devem situar-se "entre 100 e 200", "entre 200 e 300" etc.

Seria, portanto, o processo de coordenação de escalas de intervalos fixos que permitiria ir aproximando o cálculo na direção da unidade. (Unidade inalcançável, por outro lado, quando é destruída pela inflação; unidade eventualmente recuperável quando o processo inflacionário chegar a seu paroxismo, e uma reconversão monetária através da "eliminação de zeros" restituir a unidade. Neste último caso, porém, será preciso esperar que a utilização social valide esta conversão de "pesos velhos" em "pesos novos".)

C) Como constatamos, este cálculo com dinheiro não é sempre correto, mas é quase sempre (praticamente sempre) aproximado. Isto significa o seguinte: quando a criança está fazendo cálculos com dinheiro, tem uma espécie de controle interno sobre a ordem de grandeza do resultado. Seus erros se situam dentro de limites controláveis. O contraste com o cálculo que estas mesmas crianças realizam com lápis e papel é dramático: quando fazem um cálculo escolar, não há antecipação alguma da ordem de grandeza do resultado que se deve alcançar. Em uma adição com lápis e papel, o resultado pode ser menor ou n vezes maior do que as quantidades adicionadas (ao manipular-se duas dezenas pode-se obter milhares, por exemplo).

D) Quando fazemos com que as crianças raciocinem sobre o resultado obtido em uma adição simples com lápis e papel, na maioria dos casos obtemos respostas que indicam a impossibilidade de raciocinar a esse respeito. "Quem sabe disso são as contas", responde uma menina, quando lhe perguntamos se acha plausível o resultado obtido. E esta é a melhor resposta, a que resume a maneira pela qual o cálculo escolar foi aprendido: cálculo mecânico, dança dos números, aplicação de regras cegas sem controle inteligente. Quando confrontamos o cálculo de lápis e papel com o mesmo cálculo feito com moedas, as atitudes das crianças diferem, mas têm todas um ponto em comum: a grande surpresa de descobrir que pode haver *alguma* relação entre as duas coisas. Quando aproximamos o saber extraescolar ao saber escolar, algumas crianças que confiam em seu manejo do dinheiro descobrem que podem encontrar assim a maneira de resolver estas contas; outras — também hábeis no cálculo com dinheiro — resistem à nossa sugestão, e mantêm os resultados dissociados, convencidas de que é perfeitamente possível obter-se determinado resultado com as moedas e outro com lápis e papel, apesar das quantidades envolvidas e da operação realizada serem as mesmas. Talvez isto seja sustentado pela convicção de que "somar" ou "subtrair" seja algo que só se pode fazer com lápis e papel.

E) Como utilizar este cálculo extraescolar em situação escolar? Não é possível dar uma resposta apressada a esta questão. Por um lado, a escola começa com as unidades para chegar às dezenas, enquanto, conforme já observamos, o cálculo com dinheiro parece começar com centenas ou dezenas para ir se aproximando da unidade. Como conciliar estes caminhos tão diferentes em seus pontos de partida? Por outro lado, os programas escolares — sempre respondendo ao protótipo da criança urbana de classe média — colocam o tema do "sistema monetário nacional" no 3º ou 4º ano do 1º grau, dando tempo para que as crianças de classe média adquiram um conhecimento que os grupos marginalizados já possuem há muito tempo. Não há dúvida de que há matéria para reflexão a este respeito. Mas também não há dúvida de que é preciso reconsiderar o que chamamos de "fracasso escolar" no que tange ao cálculo elementar.

F) Estas crianças apresentam um tipo de cálculo mental que nunca foi valorizado no contexto escolar: *o cálculo aproximado*. Na tradição escolar, o único que interessa é o cálculo exato; todos os demais são erros. Se o resultado de um cálculo for 125, por exemplo, pouco importa que a criança tenha colocado 130 ou 1250. Para a escola, nos dois casos há erros, e como se parte do princípio de que todos os erros são parecidos, não vale a pena analisar a natureza do erro. No entanto, a análise comparativa dos tipos de erros que apresentamos neste trabalho indica claramente que, em alguns casos, há um erro que se situa dentro de limites controlados (cálculo com dinheiro), ao passo que, em outros casos, há erros que não podem ser corrigidos porque não há antecipação alguma da ordem de grandeza do resultado que se pode obter.

Na vida diária de qualquer adulto, o cálculo aproximado desempenha entretanto um papel importante. Quando alguém vai fazer compras em um supermercado, precisa fazer um cálculo aproximado do que está colocando no carrinho, para saber se o montante total se aproxima ou ultrapassa o dinheiro disponível. É provável que ninguém, neste caso, faça adições exatas sucessivas, mas sim cálculos aditivos aproximados, ou um cálculo total aproximado. Um pedreiro, um encanador ou um pintor a quem se solicita um primeiro orçamento para um reparo, sabe muito bem fazer estes cálculos aproximados. A estimativa do tempo para certo trajeto, a estimativa de distâncias no campo, ou da capacidade de carga de um veículo, ou da quantidade de objetos em certos recipientes (como frutas em caixotes) exigem cálculos aproximados.

Seguramente, a capacidade de realizar cálculos aproximados é uma capacidade comum a todos, mas a escola a inibe em muitos casos, enquanto certas atividades extraescolares possibilitam ou exigem seu desenvolvimento.

O interesse deste cálculo aproximado nos parece ainda maior se pensarmos na grande expansão que têm tido as calculadoras de bolso. É inútil para a escola resistir a esta tecnologia. As calculadoras já estão nas mãos das crianças e dos adolescentes. Ao se apertar as teclas de uma minicalculadora é fácil cometer um engano. E como saber se nos enganamos ao apertar os comandos? Para sabê-lo, é preciso estar em condições de *poder duvidar* do resultado que aparece na tela. E para estar em condições de duvidar, é preciso saber fazer um cálculo aproximado do resultado que se pode obter, é preciso saber dentro de que limites pode se situar este resultado.

Uma utilização inteligente das calculadoras exige que façamos o cálculo aproximado e deixemos à máquina o trabalho de fazer o cálculo exato. Para não cairmos na armadilha da tecnologia, aceitando qualquer resultado sem ao menos saber se apertamos os comandos certos, é preciso saber calcular, mas talvez já não seja tão útil insistir na precisão do cálculo, uma vez que possuímos um instrumento capaz de fazê-lo em nosso lugar.

Por isto, a última conclusão — talvez a mais inesperada deste trabalho — seria a seguinte: graças a estas crianças repetentes, as desfavorecidas de sempre, pudemos colocar um problema muito mais geral. Talvez esta reflexão sobre a utilização das calculadoras no contexto escolar nos ajude a recuperar um tipo de cálculo mental até agora academicamente desprezado.

NOTA: Este trabalho deveria incluir revisão bibliográfica sobre o tema à época de sua publicação. Pedimos desculpas ao leitor por havermos omitido este requisito acadêmico e havermos deixado o trabalho, como testemunho, no estado que corresponde à data de sua elaboração. Não queremos deixar, porém, de assinalar os importantes trabalhos realizados sobre este tema por Terezinha Nunes Carraher e Analucia Dias Schliemann, da Universidade Federal de Pernambuco (cf. artigos publicados em 1982 e 1983 nos *Cadernos de Pesquisa*, da Fundação Carlos Chagas). Em particular partilhamos do interesse desses investigadores em *analisar o comportamento* extraescolar (a "matemática de rua") para compreender o fracasso escolar das crianças.

BIBLIOGRAFIA

BELLEFROID, B.; FERREIRO, E. La segmentation des mots chez l'enfant. *Archives de Psychologie*, v. XLVII, n. 180, 1979c.

FERREIRO, E. Literacy development: a psychogenetic perspective. In: OLSON, D.; TORRANCE, N.; HILDYARD, A. (Orgs.). *Literacy language and learing*. Nova York: Cambridge University Press, 1985c.

_____. Los procesos constructivos de apropiación de la escritura. In: FERREIRO, E.; GÓMEZ PALACIO, M. (Orgs.). *Nuevas perspectivas sobre los procesos de lectura y escritura*. México: Siglo XXI, 1982.

_____. The underlying logic of literacy development. In: GOELMAN, H.; OBERG, A.; SMITH, F. (Orgs.). *Awakening to literacy*. Exlter N.H.: Heinemann Educational Books, 1984.

_____. What is written in a written sentence? A developmental answer. *Journal of Education*, v. 160, n. 4, 1978.

_____ et al. *Analisis de las perturbaciones en el proceso de aprendizaje escolar de la lectura y escritura*. México: Dirección General de Educación Especial, 1982.

_____. The interplay between information and asimilation in beginning literacy. In: TEALE, W.; SULZBY (Orgs.). *Emergent literacy*. Norwood, N.J.: Ablex, 1985b [traduzido neste mesmo volume].

_____. La posibilidad de escritura de la negación y la falsedad. *Cuadernos de Investigación Educativa DIE*, México, n. 4, 1981.

FERREIRO, E. A representação da linguagem e o processo de alfabetização. *Cadernos de Pesquisa*, São Paulo, 1985a. [Reproduzido em FERREIRO, E. *Reflexões sobre alfabetização*. São Paulo: Cortez/Autores Associados, 1985.]

FERREIRO, E.; GÓMEZ PALACIO, M.; GUAJARDO, E.; RODRIGUEZ, B.; VEGA A.; CANTU, R. *El niño preescolar y su comprensión del sistema de escritura*. México: Dirección General de Educación Especial, 1979b.

FERREIRO, E.; TEBEROSKY, A. *Los sistemas de escritura en el desarrollo del niño*. México: Siglo XXI, 1979a. [Tradução para o português: *A psicogênese da língua escrita*. Porto Alegre: Artes Médicas, 1986.]

HILDRET, G. Developmental sequences in name writing. *Child Development*, v. 7, p. 291-303, 1936.

PIAGET, J.; INHELDER. *De la logique de l'enfant a la logique de l'adolescent*. Paris: PUF, 1955. [Tradução para o português: *Da lógica da criança à lógica do adolescente*. São Paulo: Pioneira, 1976.]

PIAGET, J. *L'equilibration des structures cognitives*. Paris: PUF, 1975. [Tradução para o português: *A equilibração das estruturas cognitivas*: problema central do desenvolvimento. Rio de Janeiro: Zahar, 1976.]

PIAGET, J.; GARCIA, R. *Psicogenesis y historia de la ciencia*. México: Siglo XXI, 1983.

PIAGET, J.; SZEMINSKA, A. *La genese du nombre chez l'enfant*. Neuchâtel/Paris: Relachaux/Niestlé, 1941. [Tradução para o português: *A gênese do número na criança*. Rio de Janeiro, Zahar, 1971.]

SNOW, C. Literacy & language: relationships during the preschool years. *Harward Educational Review*, v. 53, n. 2, 1983.

O INGRESSO NA ESCRITA E NAS CULTURAS DO ESCRITO
seleção de textos de pesquisa

Emilia Ferreiro
tradução de Rosana Malerba

1ª edição - 1ª reimpressão (2015)
488 páginas
ISBN 978-85-249-2029-5

Neste livro, a autora, em parceria com diversos pesquisadores, reúne artigos que debatem questões como a consciência fonológica, o processo de conceituação das crianças, o sentido do conhecimento ortográfico e as importantes novidades que a era digital traz para a escrita.

A IMPORTÂNCIA DO ATO DE LER

Paulo Freire

51ª edição - 3ª reimp. (2015)
104 páginas
ISBN 978-85-249-1646-5

Uma iniciação à teoria da leitura baseada na análise de seus fundamentos psicológicos e filosóficos. A obra fornece subsídios de grande utilidade a todos os que usam a leitura como instrumento pedagógico e cultural.

ALFABETIZAÇÃO
quem tem medo de ensinar?

Lígia Regina Klein

6ª edição (2012)
160 páginas
ISBN 978-85-249-1899-5

A autora aponta as dificuldades de desenvolvimento da prática docente nas séries iniciais. Um texto instigante e contundente que denuncia o domínio exercido pelo senso comum sobre o discurso dos educadores.